Camino de Santiago Mozárabe de Málaga

Bernabé Ramírez

Primera edición Amazon Noviembre de 2015
Copyrigth © 2015 Bernabé Ramírez Herrada
ISBN-13: 978-1522976691
Todos los derechos reservados.

Queda rigurosamente prohibida la reproducción parcial o total de esta obra por cualquier medio y o tratamiento informático y su distribución mediante alquiler o préstamo públicos de ejemplares sin la autorización escrita del titular del Copyright bajo sanciones establecidas por la Ley de Derechos de Autor.

Imagen de portada: Bernabé Ramírez Herrada
brisainfinita@outlook.com
www.brisainfinita.com
Independently published

DEDICATORIA

Esta es una Guía del Camino Mozárabe de Málaga a Córdoba, básicamente por el GR-245. No pretende quitar los problemas que tenga el peregrino sino ayudarle durante su Camino en cada etapa.

Hemos colocado números de teléfonos de hoteles que pueden variar cada temporada. Entienda que esta es una guía básica para intentar hacerle amigable la marcha a lo largo de la ruta, con datos de albergues y esperando la creación de otros nuevos allá donde no hay.

En consecuencia los hostales, hoteles quedan a la libre elección del peregrino, por si no le viene bien dormir en las acogidas o no está dispuesto a dormir en el suelo.

Por supuesto ponemos datos de restaurantes para alimentarse bien y reparar el esfuerzo de cada jornada.

El Camino lo vive el peregrino con todas sus consecuencias. Es él quien a quien corresponde solucionar los problemas que le vayan surgiendo en cada etapa.

Muchas gracias por la adquisición de esta guía.

Desde que el mundo es mundo,
soñamos con sus sonidos,
asir la inmensidad,
andar las sendas y conocer...

Bernabé Ramírez

Camino de Santiago Mozárabe

Miles de sonidos replican en el camino por la Andalucía profunda, y a solas la desesperanza es el sudor de la lejanía.
Sierras desoladas, abruptas y frías, campos sembrados y sin un alma bajo el justiciero sol.

Aromas penetrantes envuelven al peregrino, de aceites y aceitunas, de productos familiares y cooperativas, de vinos de fuerte personalidad, de la tierra y del quehacer diario.

El espíritu andaluz pulula por los rincones de los pueblos, y la templanza y el orgullo de sus gentes acompaña allá donde existe destino de cada día.

Nada que ver con la costa turística, porque la senda es un catalizador muy exigente para el caminante. No hay llano que sea llano, ni monte demasiado alto ni demasiado bajo, sino el sendero sinuoso que dicta los cambios constantes de la naturaleza, kilómetro a kilómetro, pueblo tras pueblo, piedra tras piedra, y lo que se acapara nunca es lo mismo aunque sea el mismo lugar.

El Mozárabe es una senda de contrastes cambiantes que quiebra el ánimo y examina el espíritu obligando a elegir entre retroceder y volver a casa o avanzar para conocerse profundamente.

La senda transcurre a través de dehesas y cortijos, montes pelados y selvas, desiertos crudos o agrarias malezas, siempre bajo la vigilia del disco solar o de una luna que de fiebre llena las noches de enigma y misterio y lo interno de anhelos sin fin.

Hay mucho calor humano, pero cuando hace frío penetra en el alma, en días de invierno tan tibios como los ojos huidizos de una mujer anhelada, envuelto todo en nieblas que resquebrajan.

Ser caminante en el Camino Mozárabe es una devoción, una promesa callada y oculta, solícita de preguntas que buscan respuesta. Es como el sueño de un amor soñado. Como beber de un caldo de aromático vino para sanar, haciendo fluir a la luz la rabia oculta que por dentro está desgarrando.

Día a día de cada año por los caminos de Andalucía se quedaron las suelas de mis zapatos.

Historia del Camino

El origen del Camino se oculta en la oscuridad de los tiempos, en épocas remotas que devienen de las migraciones que envuelven los orígenes de la Humanidad.

La creencia de que el apóstol Santiago fue enterrado en la península es hasta hoy lo que mantiene vivo el espíritu del Camino de Santiago.

Hay muchos caminos a Santiago, pero el Camino Francés, que cruza los pirineos desde la localidad francesa de Saint Jean Pied de Port hasta Roncesvalles, España, es la ruta insignia, la más conocida y usada, donde los pueblos nacieron por y para el Camino, estructurados hoy con todo tipo de servicios básicos para el peregrino.

En Andalucía el Camino de Santiago recibe el nombre de Camino Mozárabe. Su origen en Granada, con ramas desde otras ciudades, se fue configurando o quedando en el olvido según la transcendencia de épocas más o menos problemáticas o guerreras.

Así desde Almería y Granada, el Camino Mozárabe dirigía a los peregrinos hacia Córdoba y hacia Mérida, en la Vía de la Plata. El Camino de Málaga se dirigía a Córdoba más o menos por las localidades por donde transcurre actualmente hasta confluir en Baena con los caminos que proceden de Jaén, Almería y Granada.

En la senda

Al comenzar este libro quiero dejar claro que me mueve la fe. Mi fe es la de los viajeros que un día abandonamos todo, y con una mochila en la espalda y echamos a caminar sin rumbo y sin destino, confrontados a la intemperie y el olvido.

Acaparando, la cruda realidad penetra a través de los sentidos, se oyen mejor los sonidos del mundo, se vislumbra la gravedad de pensamientos y lo que nos envuelve y nos rodea.

Recorrer el Camino Mozárabe desde Málaga requiere decisión contundente, mental y psicológica, porque la belleza de los paisajes es semejante a la dureza de la senda repleta de caminos sinuosos.

Las dificultades siempre son altas, menos por lo montañoso de los pasos que por las falsas llanuras, por lo que es conveniente y aconsejable componer etapas de perfil bajo con medias entre 20-22 kms., para no socavar la condición física, la autoestima y la recuperación correcta de cada día tras cada etapa.

En ninguna parte de la senda hay que menospreciar por lo fácil que nos ha sido la etapa.

En invierno cuando llueve mucho se enfangan los arroyos y los barrancos por la tierra suelta, las arcillas y la tierra de labranza y se ha de andar con cuidado de no meterse en los lodazales y hundirse, por lo que es conviene tantear siempre con bastón o piedras ante cualquier duda.

Prevenirse de los fangos en épocas lluviosas, pisar firme y no de puntillas sobre los lugares resbaladizos es una pauta de cuidado personal de cualquier buen peregrino.
El camino bien hecho de la etapa de hoy es la energía y buena recuperación de la etapa de mañana. Cuando el cuerpo quema sus reservas físicas, el camino se hace muy pesado, más largo conforme pasa el tiempo, y condiciona el ánimo y la estima.

Si se pierde el camino a seguir, hay que volverse atrás hasta donde se ha perdido para reencontrar la senda marcada por flechas amarillas que cada año repintan y señalan los miembros de la Asociación Jacobea de Málaga así como las demás asociaciones andaluzas. Cada temporada se buscan formas nuevas de perfeccionar las señales para que se vean, lo que no evita que sean ocultadas por la crecida de las malezas y otros inconvenientes de la intemperie.

Cada persona tiene su librillo pero hay quienes aleccionan con lo que han sido capaces de realizar y creen extensible a los demás. Para evitar historias inapropiadas y parámetros exagerados lo mejor es asesorarse en la Asociación Jacobea donde cualquier minúscula información es importante.

De palabra muchos se creen en una condición física superior y cuentan que andan como nadie, por lo que es preferible no hacer demasiado caso de ciertas historias que otras personas han tenido la suerte o la capacidad de realizar, porque no todos tienen esa suerte y lo mejor es moderarse para prevenir.

Cuando dos personas marchan juntas la más débil siempre paga los excesos de la más fuerte. No valen para todos los mismos parámetros.

Por eso como atleta expongo al lector peregrino entre 20-22 kms de media como perfil bajo, un parámetro estándar que permite al peregrino conocerse a sí mismo sin socavar la capacidad física del momento, porque siempre hay que guardar fuerzas y recuperar correctamente para la etapa del día siguiente.

Cuando inicie el camino, es muy importante obtener un control de las medias, es decir, la media de kilómetro diaria es la suma de kilómetros de todos los días dividido por los días que lleva caminando, porque cuanto más elevadas sean las medias más nivel físico va a necesitar, y si no tiene un nivel físico adecuado para lo que usted se exige, tarde o temprano lo va a pagar, y es claro que si se ha machacado, mayor tendrá que ser la capacidad de recuperación física que ha de tener de un día para otro.

La moderación es primordial, o lo que es lo mismo: guardar fuerzas de hoy para mañana.

De Málaga a Santiago hay aproximadamente 1.200 kms redondos, necesitará más de 50 días. Necesitará tiempo y entrenamiento.
El Camino lo puede hacer parcialmente cada temporada con una misma credencial. Las credenciales se consiguen en las asociaciones del Camino.

A las personas que sueñan con realizar el camino desde Málaga o otra ciudad de Andalucía, y a quienes solo tienen en mente la simple razón de una excursión y andar unos días hasta cualquier localidad de la senda, les expongo que opten por entrenarse y adquieran conciencia y sensaciones realizando los casi 200 kms del Camino Mozárabe entre Málaga y Córdoba en 10 días, como fase instructiva de lo que sería hacerlo hasta Santiago.

Les sugiero siempre que no quemen su condición física, que se instruyan en el andar, que realicen medias entre 20-22 kilómetros diarios como perfil bajo conforme la suma de los días que les permitirá una recuperación idónea para la marcha de cada etapa, porque lo más importante es adaptarse y acondicionarse físicamente al camino en los primeros días de marcha.

En la mochila

Tres camisetas de mangas cortas + una de mangas largas (no use camisetas de tirantes), una sudadera, un polar, un chaleco-abrigo transpirable y impermeable, tipo parka.
Un sombrero
Un bañador
Un pantalón de senderismo + uno intercambiable
Un par de botas de senderismo con Goretex , que cubran un poco más altos que los tobillos y que pesen poco, (no compre botas pesadas), y siempre uno o dos números mayor que su número habitual, para impedir los roces por los pies ajustados al calzado. Los pies tienen que moverse libres dentro del calzado y si se los compra justos los calcetines que use perjudicarán la libertad del pie por entero.

Tres o cuatro pares de calcetines con membranas forclaz o Coolmax.
Jabón o champú, el mismo que para uso personal vale para lavar la ropa.
La cartilla de la Seguridad Social,
la tarjeta del banco y el D.N.I.
No llevar demasiado dinero en los bolsillos sino proveerse conforme se va necesitando.

Cuando se duerme en un lugar, hay que informarse siempre de todo lo posible sobre la siguiente etapa.

En Andalucía no es conveniente hacerse al Camino en los meses más calurosos del verano, hay que saber hidratarse y andar en las horas de menos sol.

Si lo hace, hágalo desde muy temprano para llegar a su destino previsto antes del mediodía, y sobre todo provéase de sombra, (sombrero y no gorra, gafas de sol y líquidos), y sobretodo hidrátese con productos propios para hidratarse y use cremas para no quemarse la piel con el sol y la intemperie.

¡Buen camino!

Ejemplo de etapa

La Iglesia de Santiago de Málaga está en calle Granada hasta la Junta de Caminos en Puerto de la Torre hay aproximadamente 9 o 10 kilómetros, que de inicio va muy bien, se comienza con pocos kilómetros para que el cuerpo se adapte con los días y la condición física se fortalezca, y hasta Almogía hay 23 o 24 kilómetros para los que es aconsejable estar preparado para el trasmonte y las frecuentes subidas y bajadas.

La etapa siguiente es entre Almogía y Villanueva de la Concepción con 17 o 18 kilómetros. Hay una fuerte subida a Villanueva en los últimos kilómetros bastante importante.

La suma de los kilómetros de las etapas dividido por los días ha de acercarnos alrededor de los 20 kilómetros de media, y ayudar al reajuste para no quemar la condición física. Es muy importante que el cuerpo se acondicione a caminar durante las primeras etapas y se fortalezca, lo que no ocurrirá si se apremia pasado de kilómetros. Tener fuerzas hoy y guardar para el día siguiente, dormir bien y descansar y no correr el riesgo de una mala recuperación que obligue a volverse a casa...

Si al día siguiente está muy cansado para una etapa, no la haga, ¡descanse un día más!.. No hay reglas ni récord que batir excepto el personal. Cada cual a su ritmo.

ETAPA 1 MÁLAGA-JUNTA DE LOS CAMINOS 10,5 KMS

Nivel Medio-Alto

Desde la iglesia de Santiago en calle Granada se gira por calle San Agustín y después para calle Santa María para llegar a la Plaza de la Constitución y por calle Compañía hasta Puerta Nueva para cruzar el Puente de la Aurora, y ya calle Mármoles todo hacía arriba sin desviarse hasta Puerto de la Torre, en el muro del colegio Los Olivos tenemos que desviarnos y hacer una gran vuelta que nos deja en la misma margen de la venta Junta de Caminos cuya carretera desciende hasta la misma venta a menos de 500 metros.

Al día siguiente allí mismo junto a la panadería esta la carreterilla por el Arroyo de los Frailes y al final de ella a la derecha el puente sobre el río Campanillas, y siguiendo las flechas amarillas con precaución el camino se adentra en el monte tras una larga recta en ascenso y a través de sinuosos carriles que desembocan unos en otros llegaremos hasta Almogía.

Si no desea atravesar Málaga con toda la aparatosidad de la ciudad, la línea 21 de Puerto de la Torre tiene la última parada justo enfrente de la venta Junta de Caminos, en cuyo margen está la senda hacia Almogía.

En Málaga, los peregrinos pueden alojarse en el Albergue Juvenil, Plaza de Pio XII nº 6, en el barrio de Carranque, (Tno 955181181), se llega con el autobús 14 desde el centro de la ciudad.

El albergue privado, Alcazaba Premium Hostel, calle Alcazabilla, 12, (Tno 952 22 98 78).

Servicios en Junta de los Caminos

Comer en la venta Junta de Caminos
(tno: 952 439 846).

Para dormir y comer en frente
Hostal José Carlos (Tno:952 431 641).

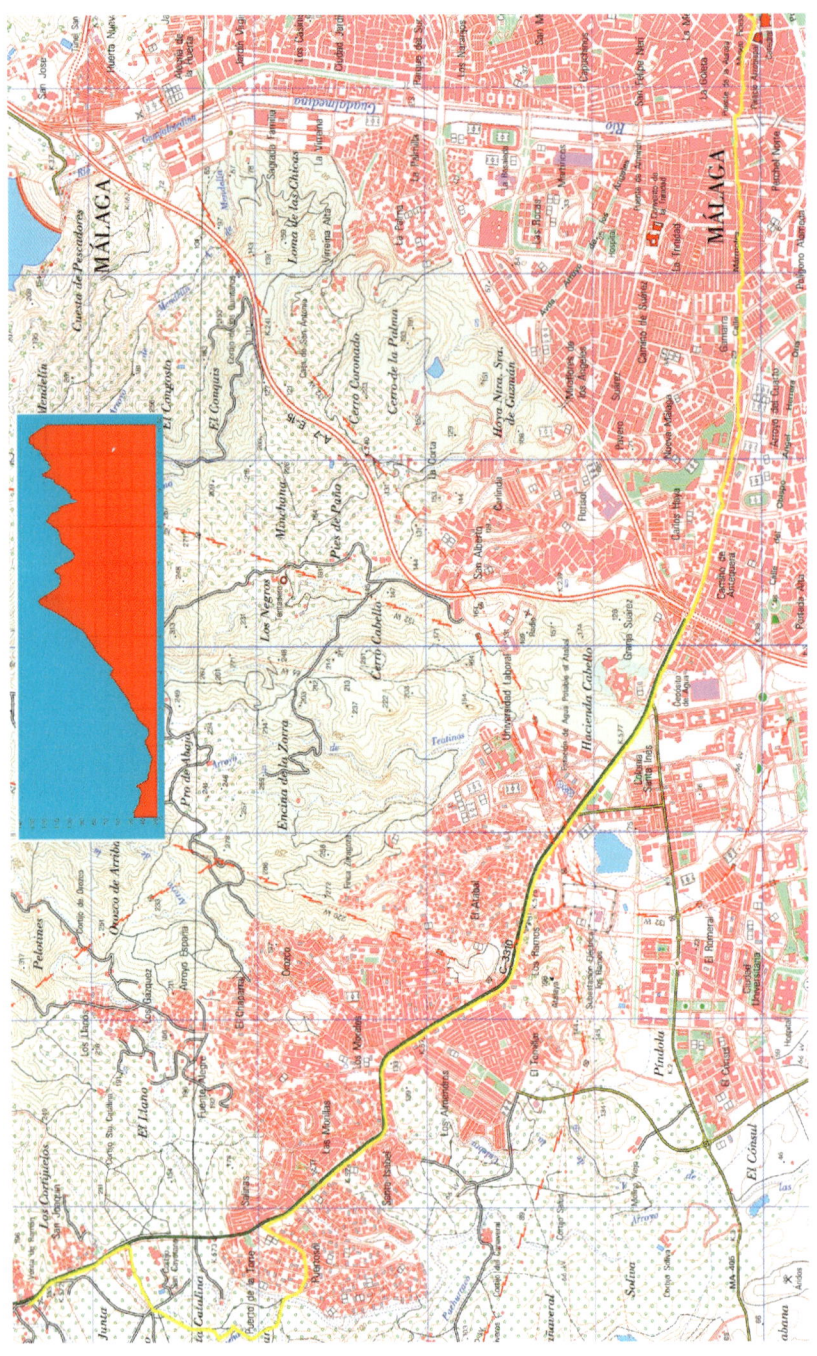

ETAPA 2 JUNTA DE LOS CAMINOS-ALMOGÍA
12,5 KMS

Perfil medio duro.

Saliendo del bar Junta de los Caminos, al lado está la panadería desde donde tomamos el camino asfaltado que vemos hasta un puentecillo donde las flechas amarillas nos dirigen 2,8 Km.s hasta el puente del Río Campanillas.

A la salida del puente, continuamos por una trocha que sale a la izquierda y empezamos un ascenso pronunciado, hasta encontrar una valla metálica que sigue por nuestra izquierda, para llegar a un camino ancho que tomamos a la izquierda y 60 metros más adelante a la derecha durante 1 Km llegar a un grupo de casas llamadas Los Suizos.

Desde Los Suizos continuamos 600 metros por un sendero en descenso, hasta el Arroyo de los Olivos, y subimos a la derecha por el margen del arroyo siguiendo con cuidado las flechas. Tras 500 metros de subida se llega a un cortijo con una alberca.

Cruzamos el arroyo de los Olivos e iniciamos la subida del Camino de Corbite, que en 2,7 Km. nos lleva al Camino de Buenavista, que tomaremos a la derecha. Siguen 1,5 Km. de subidas y bajadas y tras un pronunciado descenso de 600 metros, tomamos una carretera a la izquierda, y una muy empinada cuesta nos lleva al centro de Almogía.

Siguiendo las flechas llegamos al Ayuntamiento y más arriba en la carretera de Villanueva, que tomamos a la izquierda, a 500 m, llegamos al Albergue Municipal.

Nota para los ciclistas:

Después de cruzar el puente sobre el río Campanillas, seguir 1 km a la derecha por la carretera A7058 hasta Los Núñez. Continuar 1,1 km por calle Campanillas de los Núñez, y tomar un carril a la izquierda que en 1,2 km llega hasta el Camino

Servicios en Almogía

Ayuntamiento de Almogía
Plaza la Constitución, 1
(Tno 952 430 025)

Para dormir en el albergue de Almogía
(llamar a Protección Civil Tno 650 289 658)
está situado en la Avda Juan Carlos I,
junto al hostal La Posada.

Hostal La Posada de Almogía

Avenida Juan Carlos I Rey de España, S/N
Tno: 952 430 897

Hostal de la Loma (Tno 952 430 089).

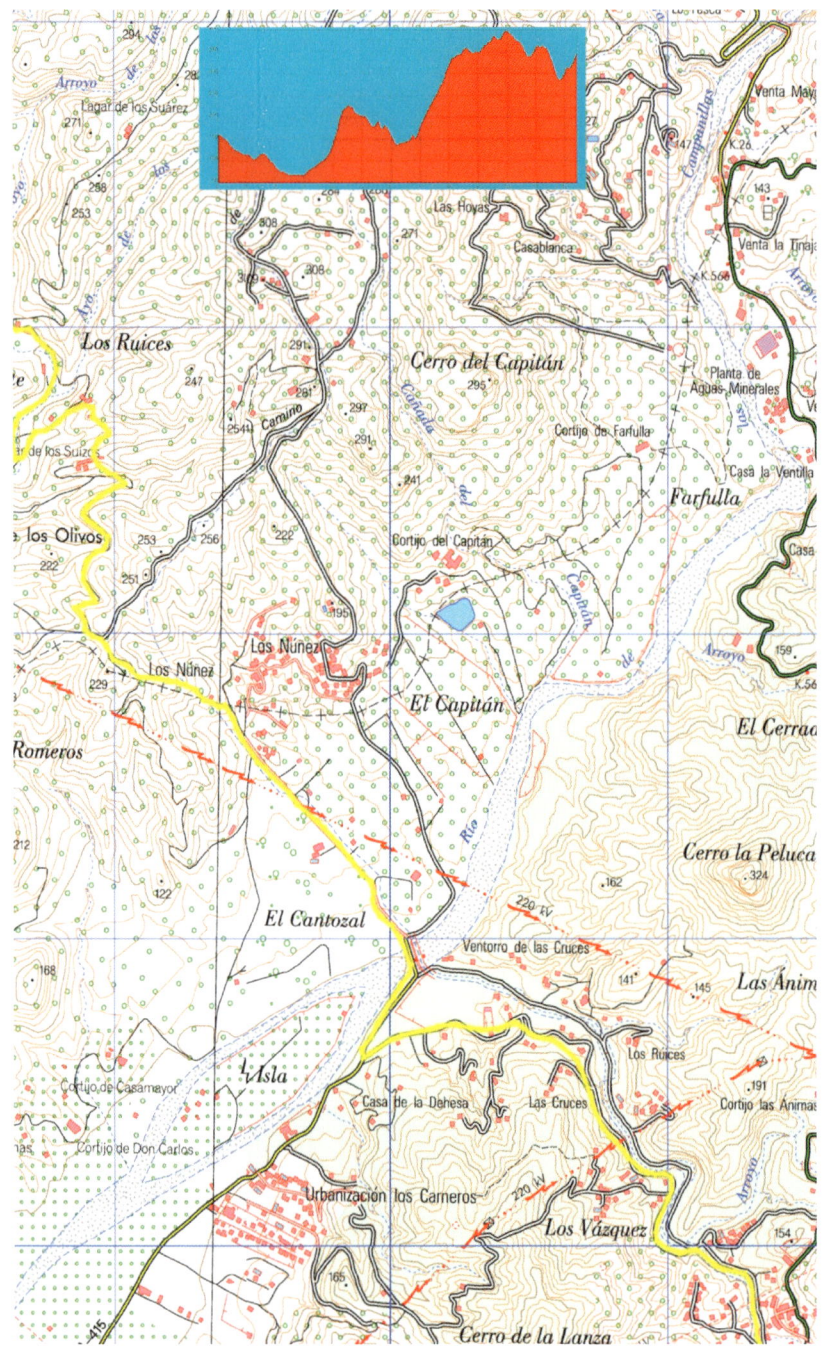

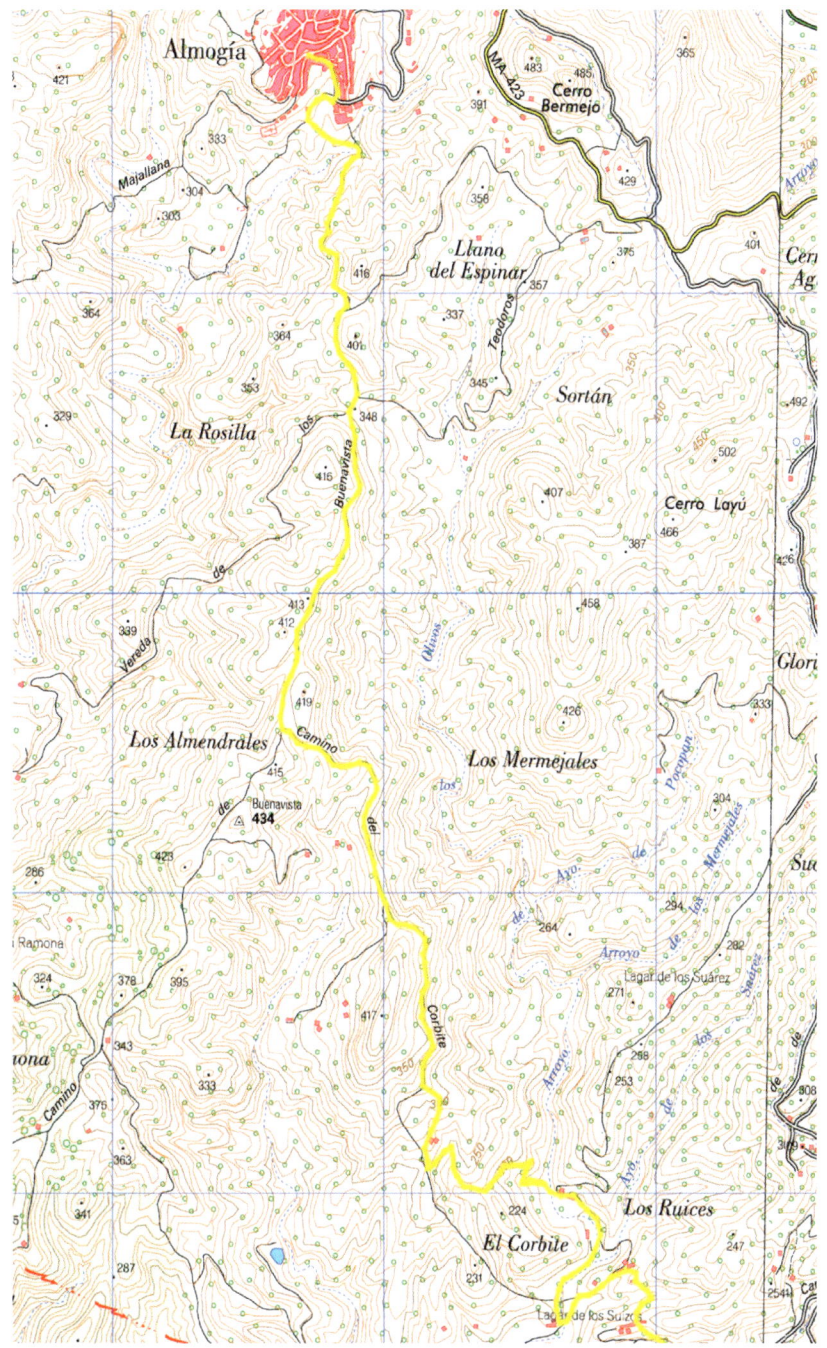

ETAPA 3 ALMOGÍA-VILLANUEVA DE LA CONCEPCIÓN, 19 KMS

Etapa de nivel medio con dura llegada en alto a Villanueva en los últimos kilómetros.

Saliendo del Albergue Municipal a la izquierda, a pocos metros, cruzamos la carretera. Aquí encontraremos las primeras flechas que nos conducen 400 metros por la Urbanización la Caleta hasta una trocha, que en fuerte bajada se dirige hacia un cortijo al fondo.

Cerca del cortijo seguimos unos metros por un camino ancho, y giramos a la derecha para cruzar un arroyo, y después de 1 km. de camino desdibujado tomamos a la derecha un camino ancho durante 2,5 Km. para torcer a la derecha por otro camino que en 4,3 Km. nos conduce al Cortijo Pacheco. Tras 2,7 Km. de subidas y bajadas, llegamos al río Campanillas.

Tras vadear el río (si lleva mucho agua habrá que buscar un puente que hay 800 metros a la derecha del Camino), se cruza la carretera C-3310, y tomamos un camino que sube junto al arroyo de la Alquería hasta llegar a otro camino más ancho, que a la izquierda nos lleva de nuevo a carretera, que seguiremos a la derecha.

Después de 1,5 Km cruzamos el puente del Horcajo. A 200 metros, a la derecha sale el Camino Real, que llega hasta Villanueva de la Concepción. Por calle Real y Avda. García Caparrós llegamos a calle Almería, donde está el Albergue Municipal.

Nota para los ciclistas:

al salir del Albergue, continuar 2,2 km por la carretera 3403 dirección Villanueva hasta el punto kilométrico 13,2, y tomar un sendero a la derecha, que en 300 metros nos lleva al Camino.

Servicios

Albergue en Calle Almería
Llamar a Ayuntamiento (Tno: 952 753 176)
o Policía Municipal (móvil: 608 451 457).

Para comer Restaurante Godoy
calle Real
(Tno 952 753 580).

Iglesia de la Sagrada Concepción
(Tno 952 743 054).
Bar Oasis
(Tno: 952 753 227).

Restaurante Torfa
calle Blas Infante
(Tno 952 753 616).

Hotel La Posada del Torcal
Carretera La Joya-La Higuera Km. 3
(Tno: 952031978

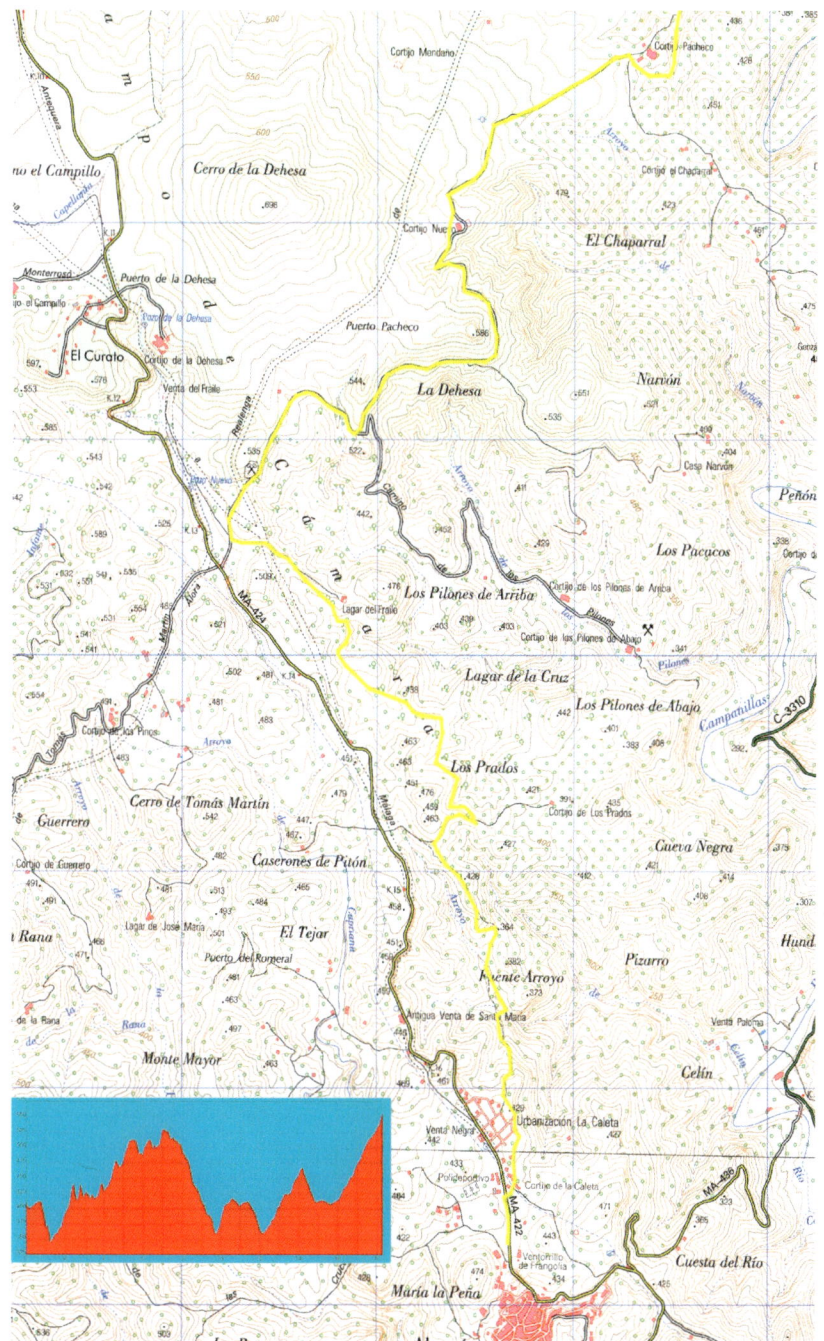

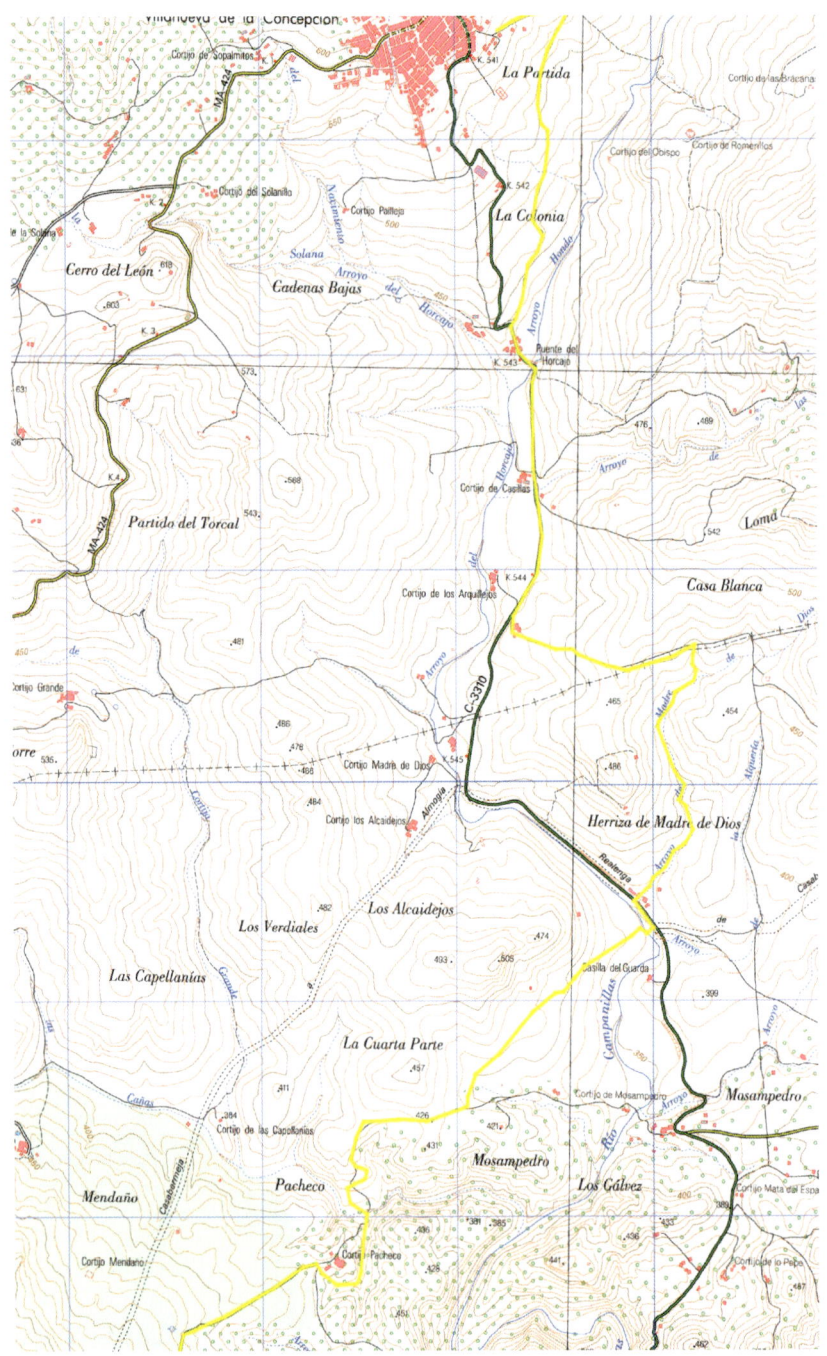

ETAPA 4 VILLANUEVA-ANTEQUERA, 16 KMS

Alta montaña, un regalo. Bajar con cuidado.

Trayecto de alta montaña donde espera el Puerto de la Escaleruelas para ver al fondo la histórica villa de Antequera. La subida se hace bien, lo peor puede ser la bajada.

En la Avda. de Blas Infante, torcer por calle Murillo, y al final de esta empinada calle se encuentran las primeras flechas. El Camino sube durante 7 Km., pasando por los cortijos La Alhaja, y Monjillas hasta llegar al cortijo de los Navazos. Desde aquí, llaneando un poco más de 1 Km. llegamos al Puerto de la Escaleruela, en El Torcal. La bajada del Puerto se hace por una trocha abrupta, pero bien acondicionada, y se continúa 1,8 Km. por un camino amplio en suave descenso hasta llegar al Cortijo Buenavista.

Aquí dejamos el camino, y a la derecha seguimos el cordel de Pesquera 1,7 Km. hasta la Carretera A-343. Tomamos esta carretera 200 m. hasta la carretera C-3310 que seguiremos 800 m. a la izquierda en dirección Aguas El Torcal y el Colegio de San Juan, y por calle Jesús entramos en Antequera.

Nota para los ciclistas:

La bajada de la Escaleruela es muy difícil. Bajarse de la bici.

Servicios

Antequera es una importante ciudad con toda clase de servicios, y un patrimonio artístico de primera magnitud. Antequera tiene más de veinte hoteles y pensiones.

Ayuntamiento
calle Infante Don Fernando 65,
(Tno 952 708 100).

Oficina de Turismo
Plaza de San Sebastián, 7,
(Tno 952 702 505).

Albergue de Peregrinos en la Iglesia de Santiago
Plaza de Santiago,
(móvil 636 283 998, Tno 952 841 782).

Hostal Pensión Bella Vista
Cuesta de Archidona, 27,
(Tno 952 841 997).

Hostal Pensión Toril,
Calle Toril, 5,
(Tno 952 843 184).

Hostal Manzanito,
Plaza San Sebastián, 5,
(Tno 952 842 993).

Hospederia Coso San Francisco
C/ Calzada, 27
(Tno 952 840 014).
Hostal El Número Uno,
calle Lucena, 40
(Tno 952 843 134).

Hotel Colon Antequera
Calle Infante Don Fernando, 31,
(Tno 952 840 010).

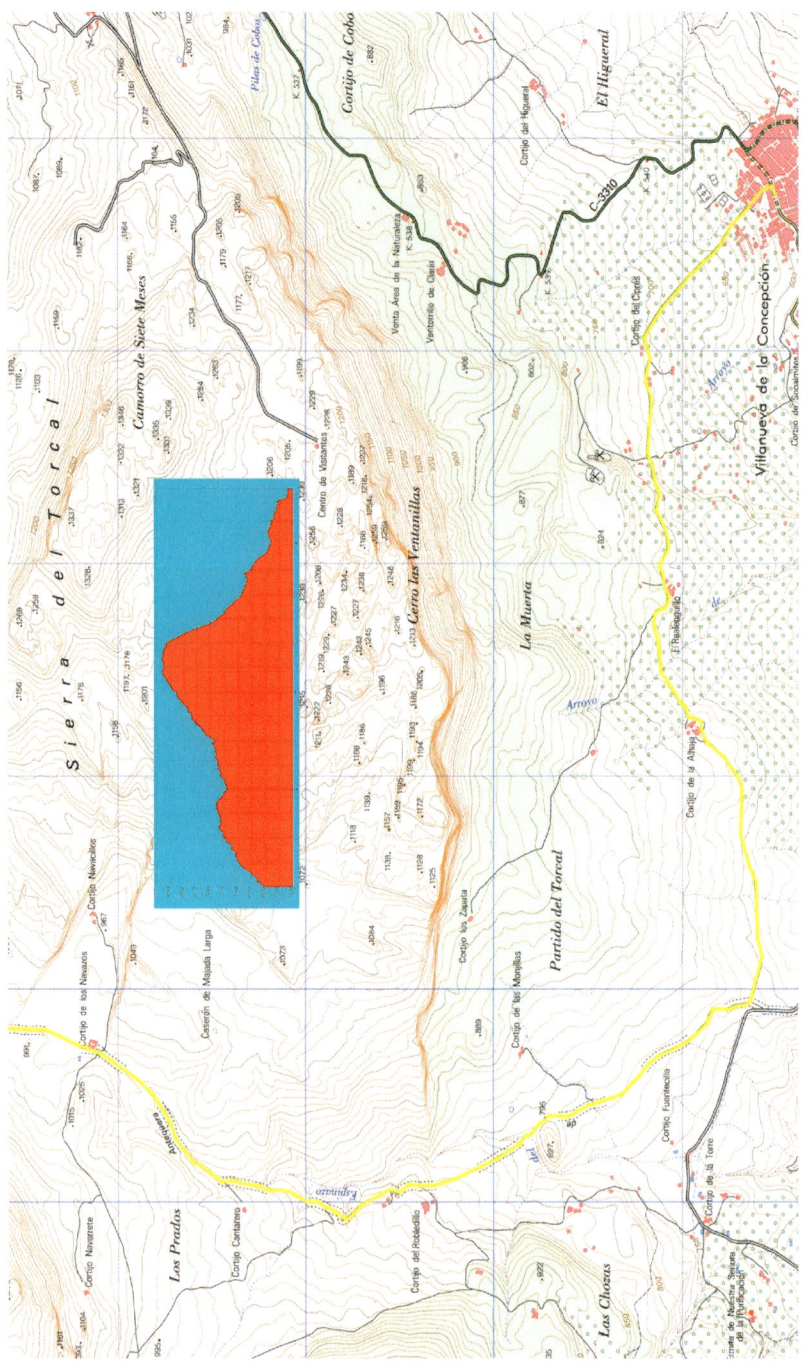

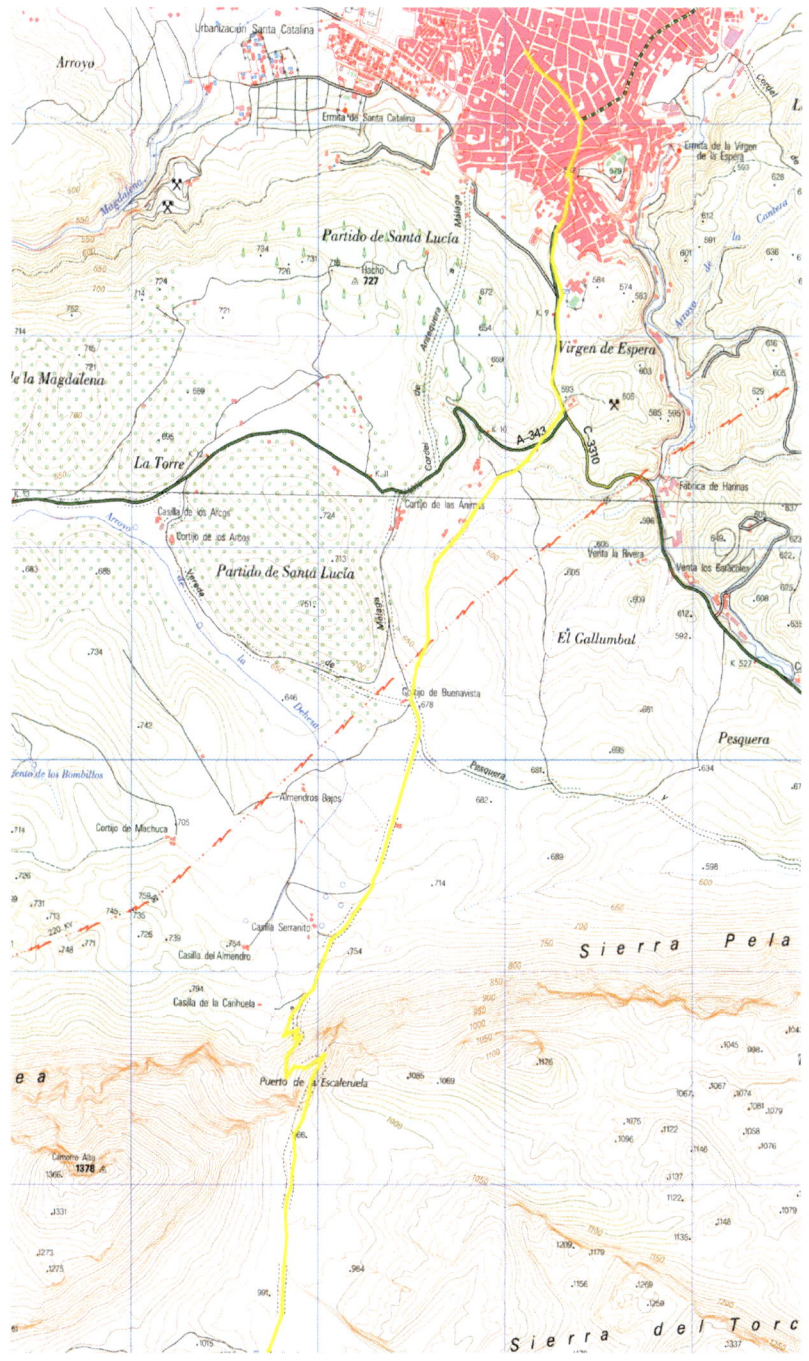

ETAPA 5 ANTEQUERA-CARTAOJAL, 12 KMS

Etapa de transición.

La llanura de la vega de Antequera se extiende hasta las montañas al sur, con un no se sabe aún al norte.

Situados en la Iglesia de Santiago (en el Noroeste de la ciudad), tomamos por la Calle de Belén hasta la Puerta de Granada y continuamos por calle Granada y el Camino del Cementerio. Dejamos el Cementerio a la izquierda, el Dolmen a la derecha, y encontraremos las primeras flechas un poco antes de una rotonda. Después de pasar el puente sobre el ferrocarril, entramos en la Vega Antequerana por un camino llano que atraviesa la carretera Ma-232, y 2,5 Km. después cruza la Autovía por un paso inferior junto al río Guadalhorce que queda a nuestra derecha. Después de 1 km. cruzamos por encima la autovía A 92. Y tras otros 4,5 Km. de suave subida, por el Camino de Cuevas Bajas, llegamos a Cartaojal.

Servicios

Ayuntamiento, en el Camino de Cuevas Bajas que atraviesa el pueblo, Acogida al peregrino, (Tno 952 708 108).

Comer
Casa Caro (Tno 952 713 511).

Villanueva de Algaidas está a 12 kms allí hay albergue.

Es decisión del peregrino optar dónde acaba su etapa particular. Villanueva no queda tan lejos de Cartaojal, por cierto, pueblo muy acogedor.

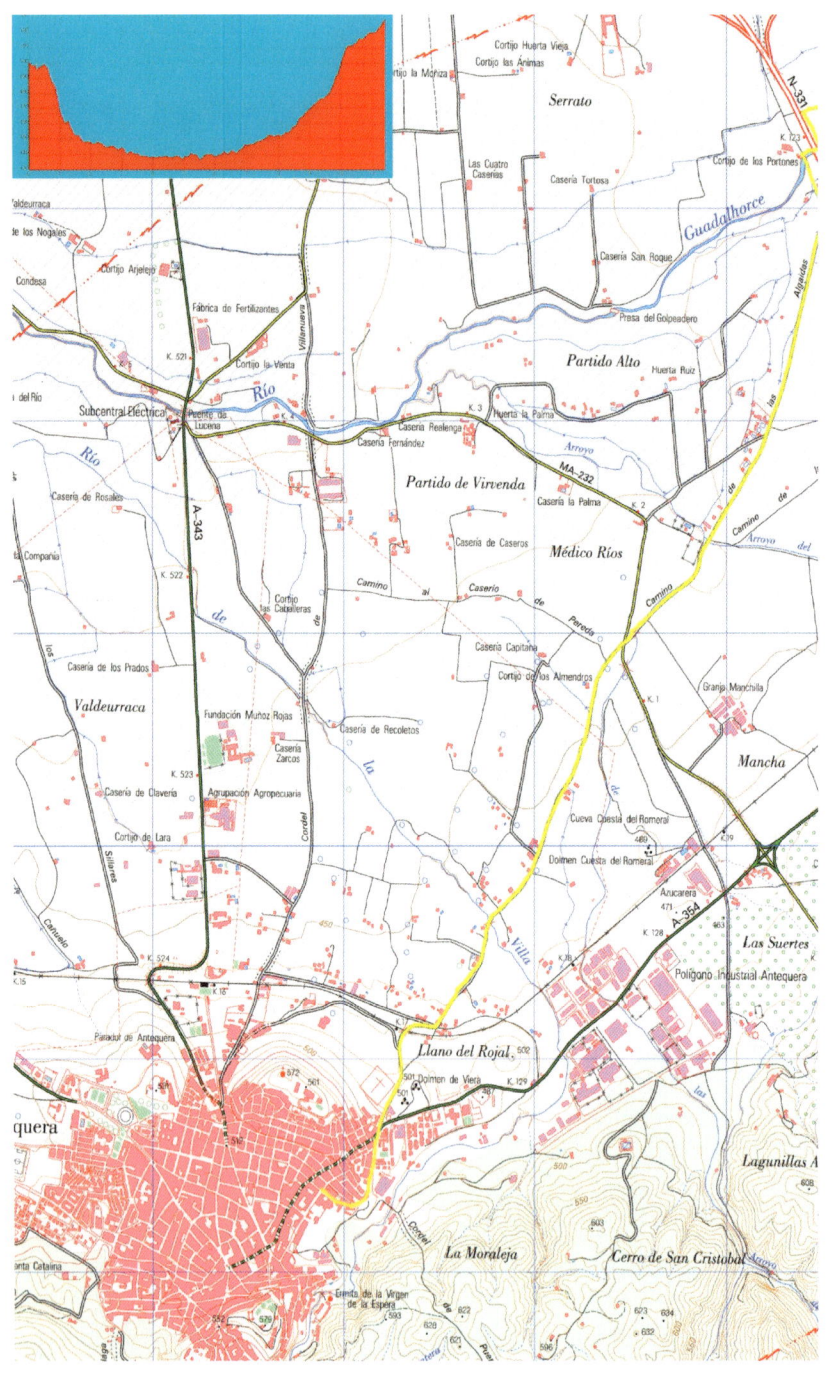

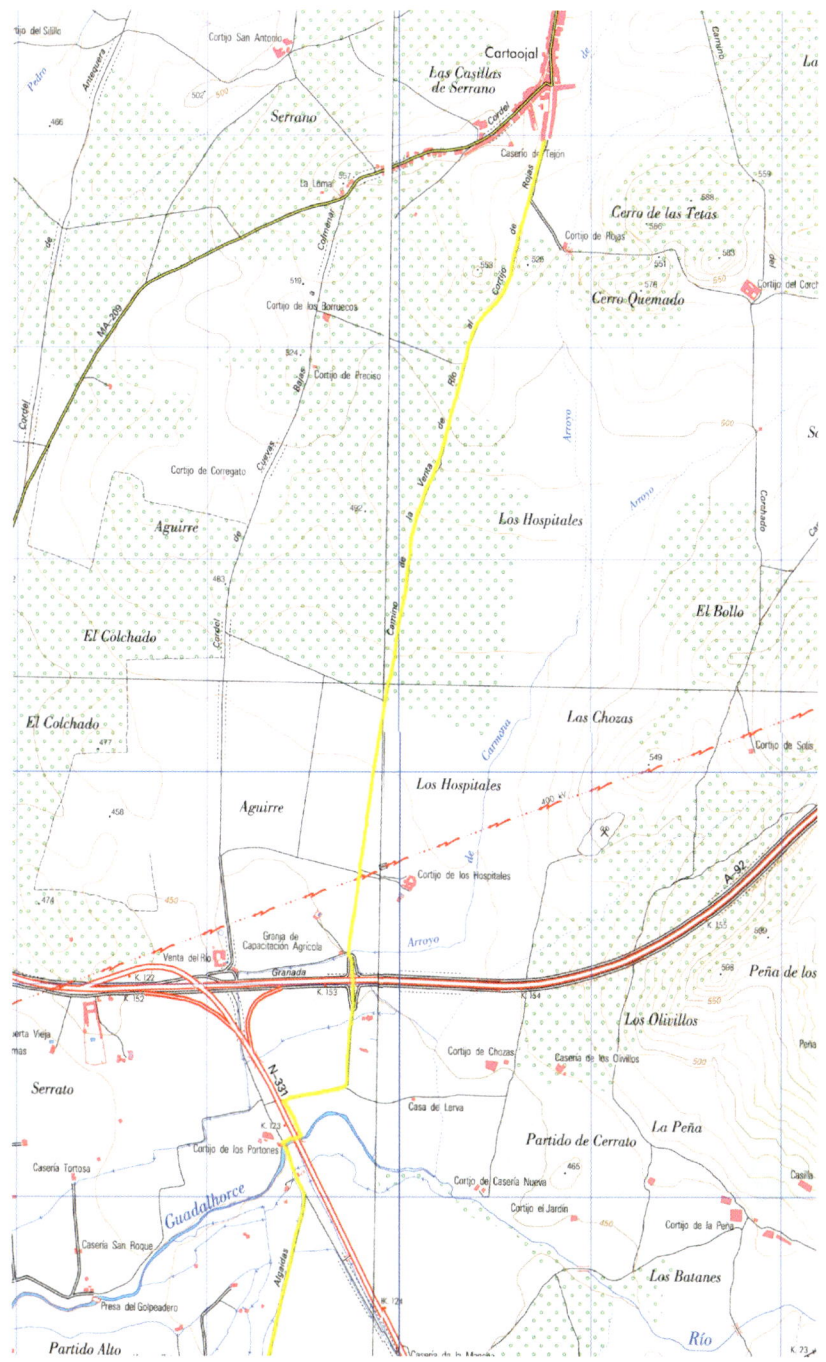

ETAPA 6 CARTAOJAL-VILLANUEVA. DE ALGAIDAS, 12 KMS

Continuamos por el Camino de Cueva Bajas hasta el final del pueblo y tomamos un camino asfaltado a la derecha que sube durante 6 Km. Sigue el camino en descenso apreciable durante 3Km. Tras una suave subida de 1,5 Km. encontramos, a mano izquierda, a la entrada de un cortijo, una fuente de agua potable. Siguiendo las flechas entramos en Villanueva de Algaidas.

En Villanueva de Algaidas no falta de nada. Hay todo tipo de comercios y restaurantes.

Servicios

Ayuntamiento (952 743 002).

Policía local (657 888 494).

Albergue Municipal,
calle Granada, 44,
Llave en bar Pedro´s al lado del Albergue
(Tnos 952 743 278 – 685 89 245).

Ayuntamiento
Calle Constitución, 16,
(Tnos 95274300 – 952743303).
Policía Local (Tno 657 888 494)

Hotel La Rincona
Avenida del Olivar, parcelas 1 y 2.
(Tnos 952 745 008 - 952 743 494)
Hostal Algaidas
Calle Archidona, 79
(Tno 952 743 308).

ETAPA 7. VILLANUEVA DE ALGAIDAS-CUEVAS BAJAS 15 KMS

Etapa de nivel medio suave.

Saliendo del Albergue, continuar por calle Granada, para girar a la izquierda por la carretera de Cuevas Bajas y a 100 metros tomar el camino marcado, para pasar delante del Convento y las Iglesias rupestres mozárabes.

Después de atravesar el puente se sube 1 Km. hasta llegar a La Atalaya. Continuar subiendo otros 2 Kms, y tras otros 2 Kms de bajada se pasa por la Aldea de Cedrón y por La Moheda. Otros 2 Kms más de bajada y entramos en Cuevas Bajas.

Nota para los ciclistas:

Salir por la carretera MA 203. Tras 1,8 Km tomar en la rotonda, a la derecha, el carril de la Galeta que en 300 m nos conduce al Camino por la calle Arenal, ya en la Atalaya.
Servicios

Ayuntamiento
calle Real, 38
(Tno 952 727 501 - 952 727 502).
En la plaza están bar Piedras
y restaurante El Parral (Tno 952 729 788).

Albergue Municipal
calle La Cruz, 9.
(Tno 952 729 128)
o solicitar las llaves hay que dirigirse al
Ayuntamiento (Tno 952 727 501).

Bar Lola (Tno 952 729 514)
Acogen al peregrino.

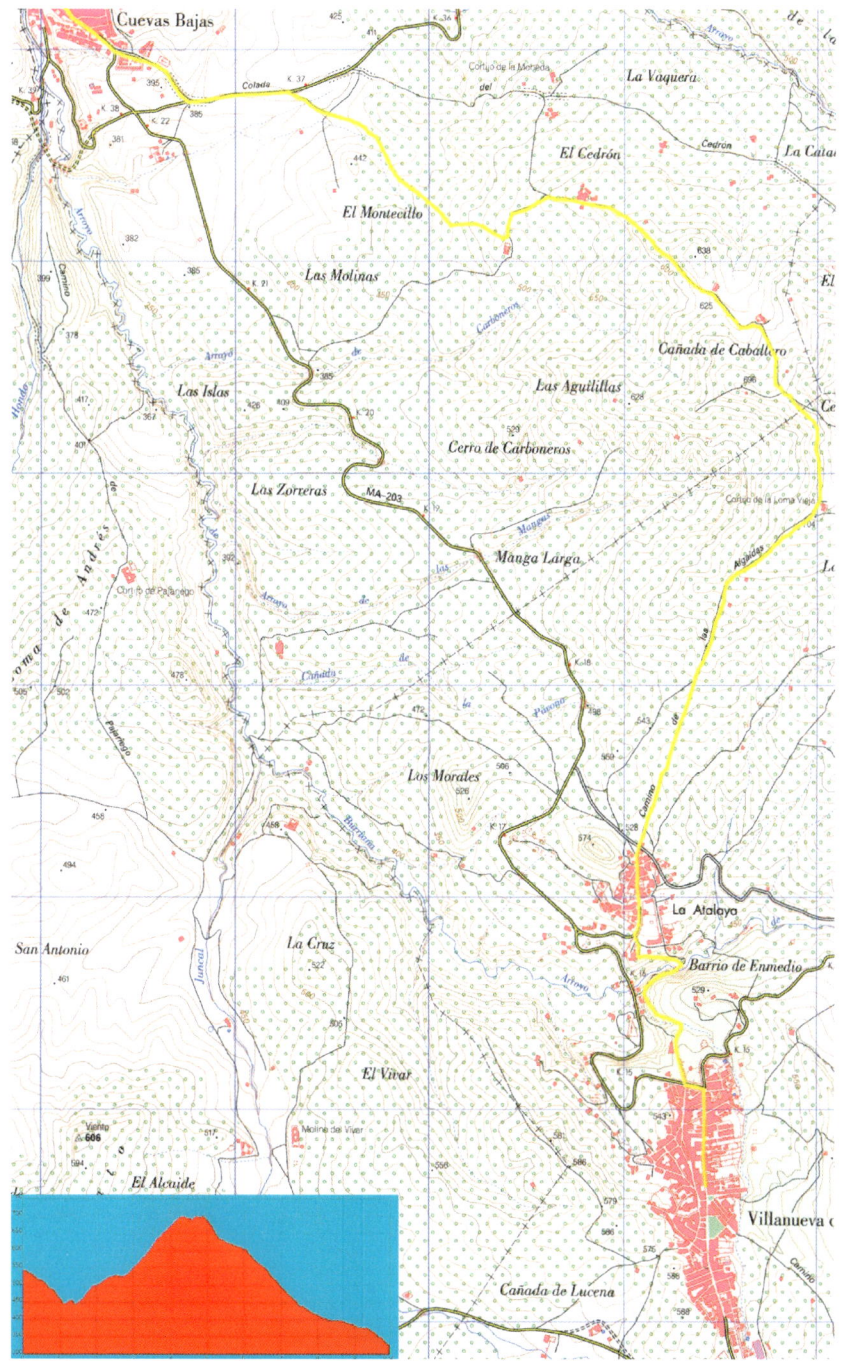

ETAPA 8 CUEVAS BAJAS-ENCINAS REALES
7 KMS

Desde la Plaza donde está la Iglesia y siguiendo la calle Real, llegamos a un camino terrizo, el Camino de Las Encinas, donde están las primeras flechas. Lo seguimos 1 Km y pasamos un puente sobre el río Genil para tomar el Cordel de los Espartales. Después de una fuerte subida de 1 km, seguimos subiendo, hasta entrar por la calle Virgen de los Dolores en Encinas Reales.

Servicios

El Ayuntamiento
Plaza de la Democracia, 22
(Tno 957 597 128).

Albergue en la Ermita del Calvario,
en la salida de Encinas, dirección Antequera.
Llave en Policía Local (Tno 629 718 918) .

Oficina del Peregrino
(Tno 957 597 128).

Restaurante El Palomar

calle Antonio Machado, 1,
(Tno 957 597 193),

Dormir

En Encinas Reales en
Casa Rural de Maita,
calle Real, 47,
solo se admiten grupos entre 8-14 personas
(Tno 615 328 252),
Capacidad: 8 - 14 personas
Precio medio: Menos de 20€ por persona/noche
Casa completa en el centro del municipio.

A 5 Kms en Benamejí

Pensión-Hostal-Restaurante Carmona
Carretera de Córdoba-Málaga km 100
(Tno 957 530 169)

Hostal Restaurantre Reina
Carretera de Córdoba-Málaga km 100
(Tnos 957 530 655/957 530 169)

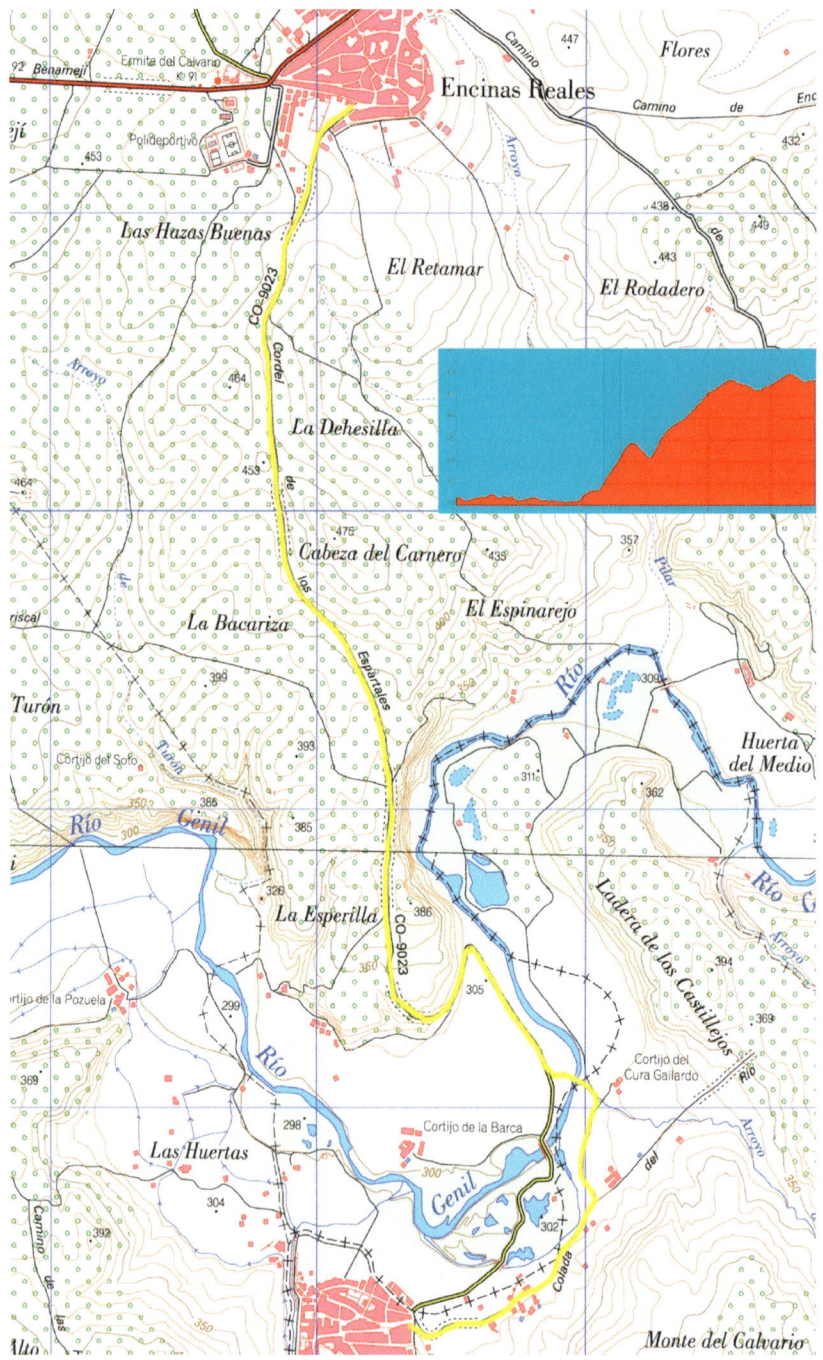

ETAPA 9 ENCINAS REALES-LUCENA 21 KMS

Situados en el Restaurante El Palomar, en la carretera Málaga-Córdoba, buscamos saliendo a la izquierda, la calle Camino Viejo de Lucena. Al final de la calle veremos las primeras flechas. Después de una corta subida, el camino desciende hasta la autovía, que cruzamos por un paso inferior, situado 200 metros a la derecha. Torcemos a la izquierda para deshacer los 200 metros andados en el otro lado para retomar el camino de Lucena que baja, en la misma dirección que traíamos, hasta el Río Anzur.

Después de vadearlo, el camino sigue 3,5 Km. en suave subida, dejando el río a nuestra izquierda. Al llegar a un complejo rural tomamos un camino, en subida a la derecha y después de unos 9 Km, cruzamos por debajo de la autovía para entrar en el polígono industrial a las afueras de la ciudad. Seguimos las flechas hasta llegar a la carretera N331 y después de 2 Km., seguir por la Ronda del Valle, y Carretera de la Estación, hasta la antigua Estación del tren donde continúa el Camino por la Vía Verde.

Lucena es una ciudad importante e industrial con toda clase de servicios. El ayuntamiento preveía un albergue en la antigua estación del tren, un edificio junto al bar La Estación (Tno 957 509 074), donde la Senda toma la Vía Verde de la Subbética que nos lleva hasta Doña Mencia.

La Vía Verde discurre por el trazado del antiguo Tren del Aceite, recorrido por el río Guadajoz a través de hermosos paisajes del Parque Natural de la Subbética y de la Reserva Natural de la Laguna del Salobral, 58 kms por pueblos como Luque, Zuheros, Doña Mencía, Cabra y Lucena. La prolongación de esta ruta por estas tierras llega hasta Jaén y completan 112 Km de Vía Verde.

Servicios

Ayuntamiento
Plaza Nueva,
(Tno 957 500 410).

Oficina de Turismo
Plaza de España,
(Tno 957 513 282) .

Hospitalidad en la Parroquia de Santiago.
el párroco ofrece hospitalidad a los peregrinos
(Tno 957 513 282).

Dormir

Hostal Sara
C/ Cabrillana, 49

(Tno 957 51 61 51)

Hostal Las Palomas
a la entrada de la ciudad en la carretera
Málaga-Madrid, Km 476,
(Tno 957 50 29 79)

Hostal El Poligono (antes de llegar a Lucena)
Carretera de Cordoba-malaga, KM 70,
(Tno 957 50 24 88)

Hotel Baltanás,
Avda. del Parque, 20
(Tno 957 50 05 24)

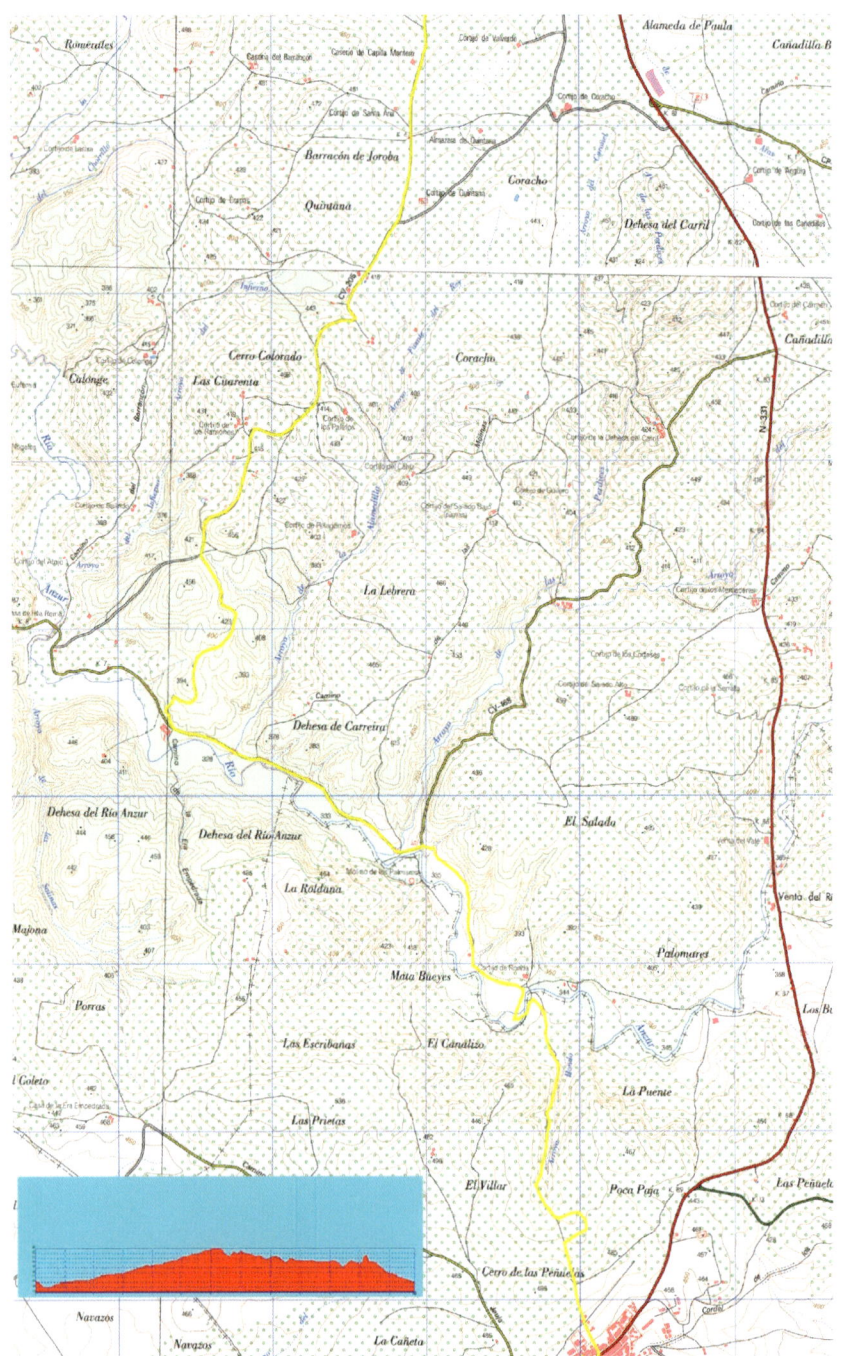

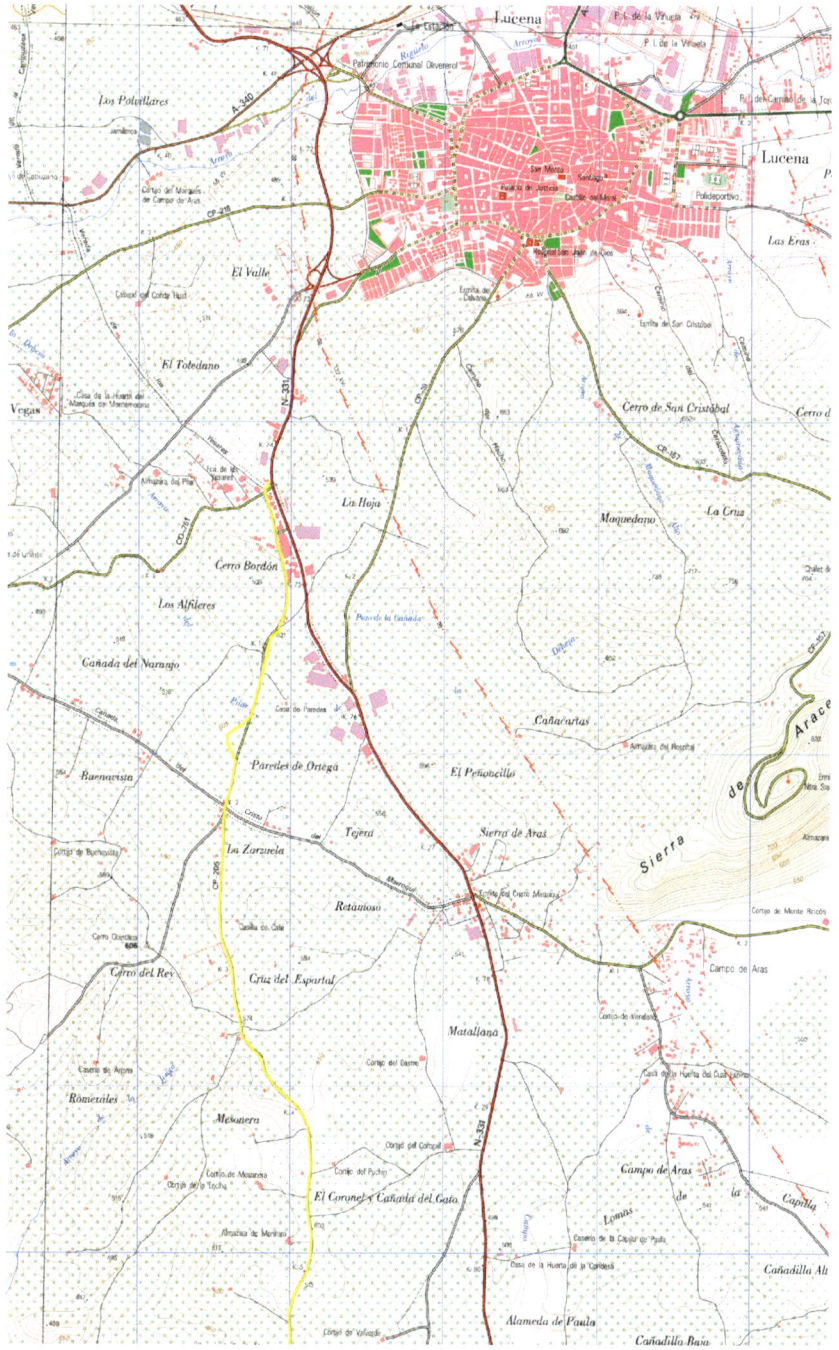

ETAPA 10. LUCENA-CABRA, 14,5 KMS

Desde Lucena hasta Cabra y Doña Mencía, el Camino coincide con la Vía Verde que discurre por el trazado del antiguo Ferrocarril del Aceite.

Accedemos a La Vía Verde desde la antigua Estación, y sin posibilidad de pérdida por un buen camino llano, llegamos a la estación de Cabra que está fuera de la población. En la estación hay un Centro de Interpretación del Tren del Aceite con un bar-restaurante. Por una cuesta empinada de 200 metros se baja hasta las primeras casas de Cabra.

Servicios

Ayuntamiento
Plaza de España, 14,
(Tno 957 520 050).

Oficina de Turismo
Plaza Mayor, 1,
(957 52 34 93).

Hostal San José,
Avenida Fuente Del Rio, 39,
(Tno 957 520 368).

Pension Guerrero
C/ Pepita Jiménez, 7
(Tno 957 520 507),
ofrece buena acogida a los peregrinos.

MS Fuente las Piedras
(hotel de cuatro estrellas)
Avenida Fuente de las piedras s/n,
(Tno 957 529 740).

Casa Rural Hospedería Hornogrande
C/ Muñiz Terrones, 17,
(Tno 957 524 477).

Comer

Mesón Al-andalus (Tno 957 520 596).
Mesón Vizconde (Tno 957 521 702).

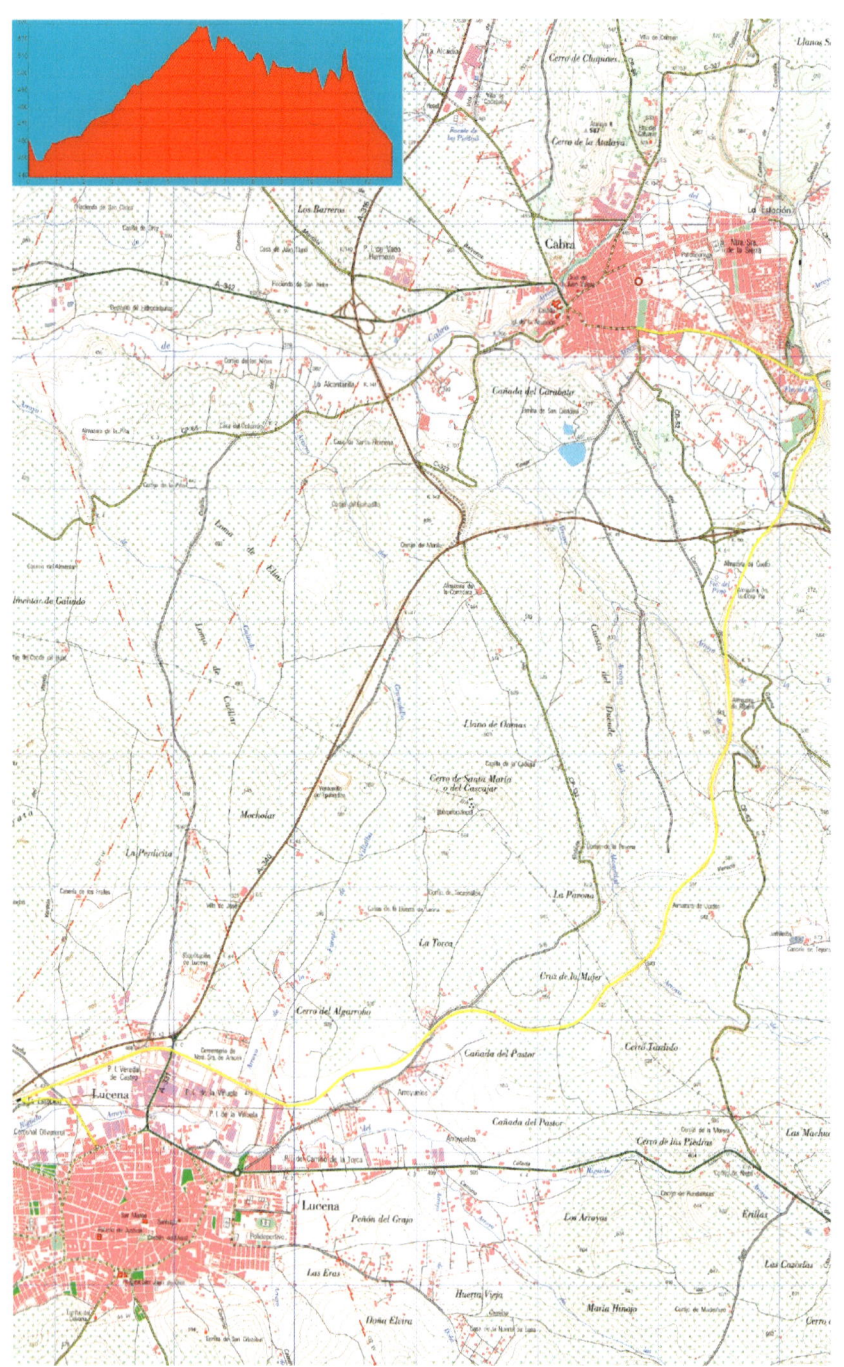

ETAPA 11 CABRA-DOÑA MENCÍA 15KMS

Desde la antigua estación del ferrocarril de Cabra, el Camino sigue por la Vía Verde subiendo con una ligera inclinación. Después de andar 12 Km llegamos a la Estación de Doña Mencía, donde abandonamos la Vía Verde, cruzando la carretera por un paso subterráneo, para entrar en en el pueblo.

Servicios

Ayuntamiento
Plaza de Andalucía, 1,
(Tno 957 676 020).

Albergue Parroquial de la Consolación,
calle Federico García Lorca, 4,
el párroco ofrece acogida,
(Tno 957 676 144)
o en la Policia Municipal
(móvil 619 903 748).
al lado del Ayuntamiento.

Restaurante Pensión Casa Morejón
C/ Obispo Cubero, 1-5
(Tno 957 676 169),

atención especial a peregrinos.

Hotel Mencía Subbética,
Avenida Doctor Fleming s/n,
(Tno 957 747 070).

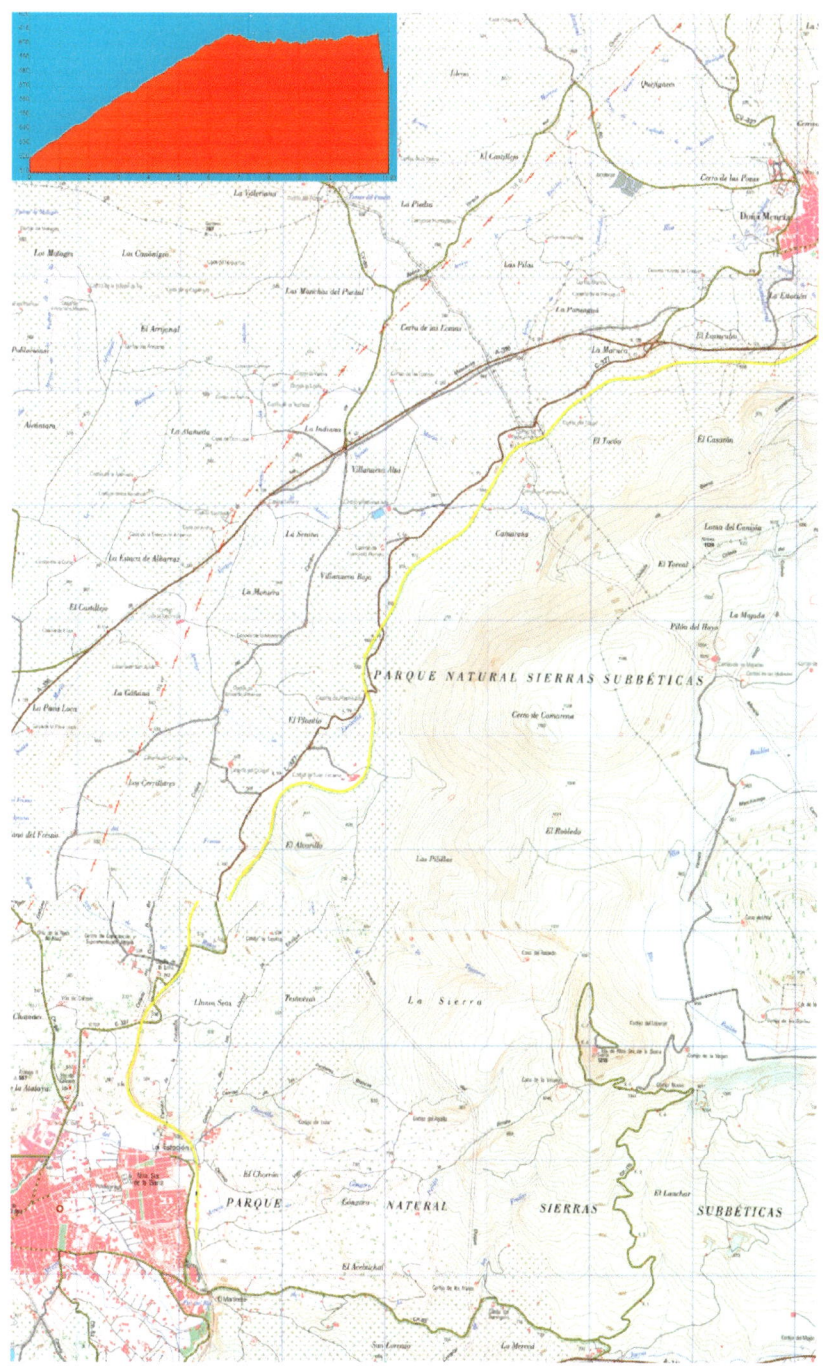

ETAPA 12 DOÑA MENCÍA-BAENA 9 KMS

Buscamos la salida por el camino antiguo de Balachar que tiene su acceso por la empinada calle Jaén. Al final de la calle veremos las primeras flechas. Después de una fuerte subida de más de 1 Km., el camino se suaviza y 5,8 Km. después llegamos a la carretera CV 327. Tomamos a la derecha la carretera unos 700 metros y siguiendo las flechas nos desviamos por un camino que sale a la izquierda y nos lleva en suave descenso a la Fuente de los Siete Caños, a las afueras de Baena.

Subiendo por la calles Fuente Baena, Alcalde Manuel Valdés, El Rincón del Barrizal, y Juan Valera llegamos a la Plaza España, y Llano del Rincón, que es punto de entronque con el Camino Mozárabe de Granada, Jaén y Almería. Para seguir el Camino seguir las flechas por la carretera de Córdoba.

Para ir al Albergue, subir por la calle Cardenal Herranz Casado, calle de los Mesones, calle Barrizalejo, calle Juan Ocaña, calle de la Tela, Plaza del Ángel y calle del Coro, nº 7 y 9.

Servicios

Ayuntamiento
Plaza de la Constitución,
(957 665 010).

Oficina de Turismo (957 671 757).

Albergue privado Ruta del Califato
calle Coro, 7
(Tnos 957 670 075 y 650 923 041),
precios para los peregrinos.
Para ir al albergue hay que subir al castillo en la calle del Coro.

Centro Interparroquial San José
Parroquia Ntra. Sra. de Guadalupe
(Tno 957 670 944),
ofrecen acogida a los peregrinos.

Hostal El Rincón,
c/ Rincon, 13,
(Tnos 957 670 223 - 957 670 223).

Pensión Los Claveles,
c/ Juan Valera, 15,
(Tnos 957 670 174 - 957 670 174).

Hotel Casa Grande,
Avenida Cervantes, 35,
(Tnos 957 671 905, de tres estrellas).

Hotel Ipanuba
c/ NIcolás Alcalá, 7,
(Tno 957 670 075).

Para comer

Marisquería "El primero de la Mañana"
C/ Llano del Rincón, 14,
(Tno 957 691 019).

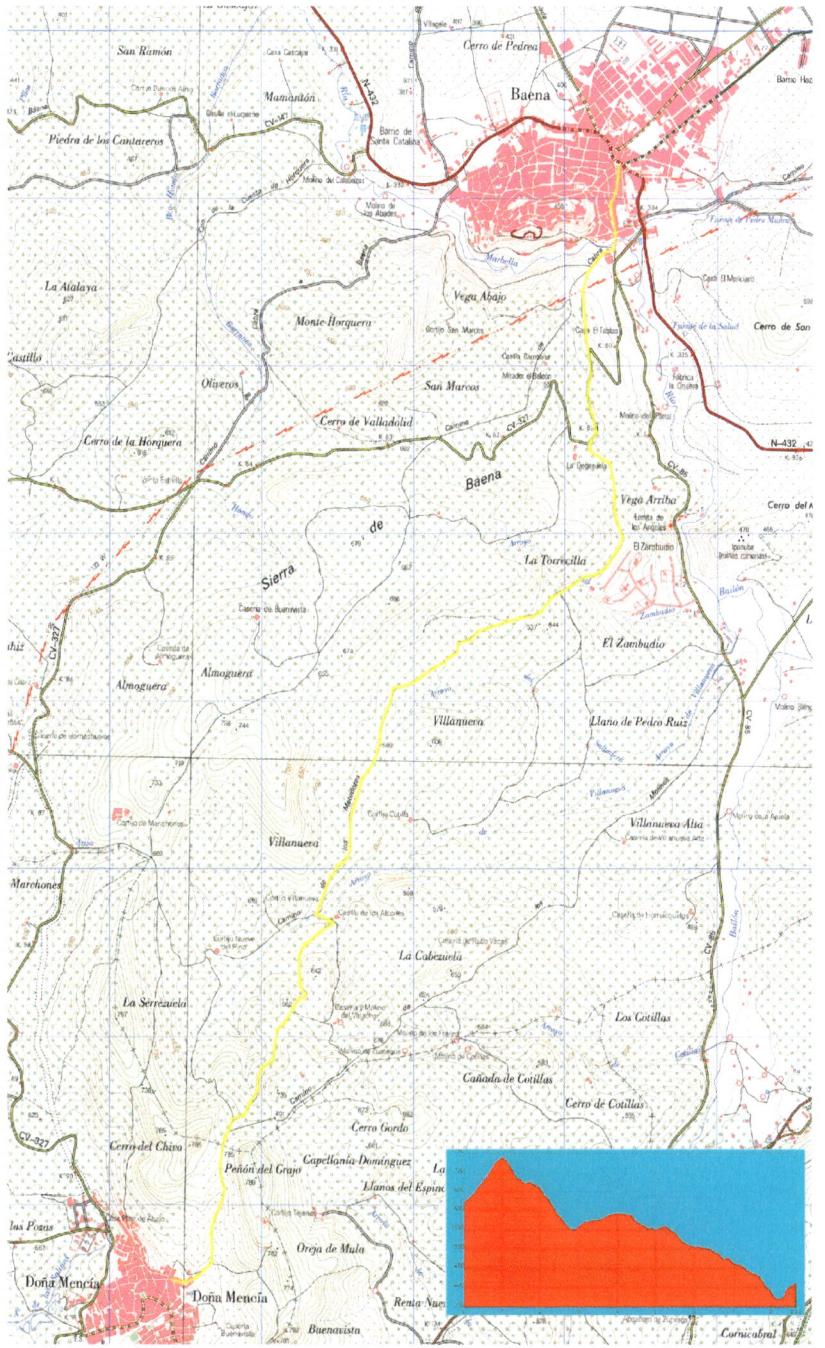

ETAPA 13. BAENA-CASTRO DEL RÍO, 18 KMS

Tomamos la carretera que se dirige a Cañete de las Torres, por la Cooperativa de Jesús Nazareno. Dejamos a la derecha una pequeña carretera a Fuentidueñas y pasamos después bajo el nuevo trazado de la N432, dejando a la derecha otro desvío a Las Ermiticas. Al poco giramos a la derecha por un camino entre suaves lomas de olivares. Salimos de nuevo a la carretera, siguiendo por ella hasta el Puente de la Maturra, cruzando el río Guadajoz. Giramos a la izquierda, y siguiendo una estrecha carretera agrícola llegaremos a Castro del Río. Por la Avenida de Jaén, Cuesta de Martos, Plaza de San Rafael, y calle Colegio llegamos al Albergue Municipal.

Nota: Se puede ir directamente desde Castro hasta Córdoba por la vereda de Granada, un camino bien señalizado de 39 km que pasa por las ruinas de Ategua, pero carente de todo tipo de servicios.

Servicios

Ayuntamiento (957 372 378).

Información al Peregrino
(Tno 957 374 078 - 957 372 375).

Albergue Municipal
calle Colegio
Llave Policía Municipal
(Tnos 957 372 377 - 678 509 561)
Bar Mesón Los Arcos (Andrés)
C/ San Marcos, 20,
(Tnos 957 37 10 10 - 647 595 949).

Albergue y Casa Rural La Villa
Llano de la Iglesia, 9,
(Tnos 619 047 696 - 957 372 411, Sra. Isabel)

Pensión "Casa Antonio"
C/ Los Olivos, 13,
(Tnos 957 372 806 - 957 372 345 - 627 634 987).

Hostal A Ka la Sole
C/ Alamo, 13,
(Tnos 618 889 721 - 957 372 435)

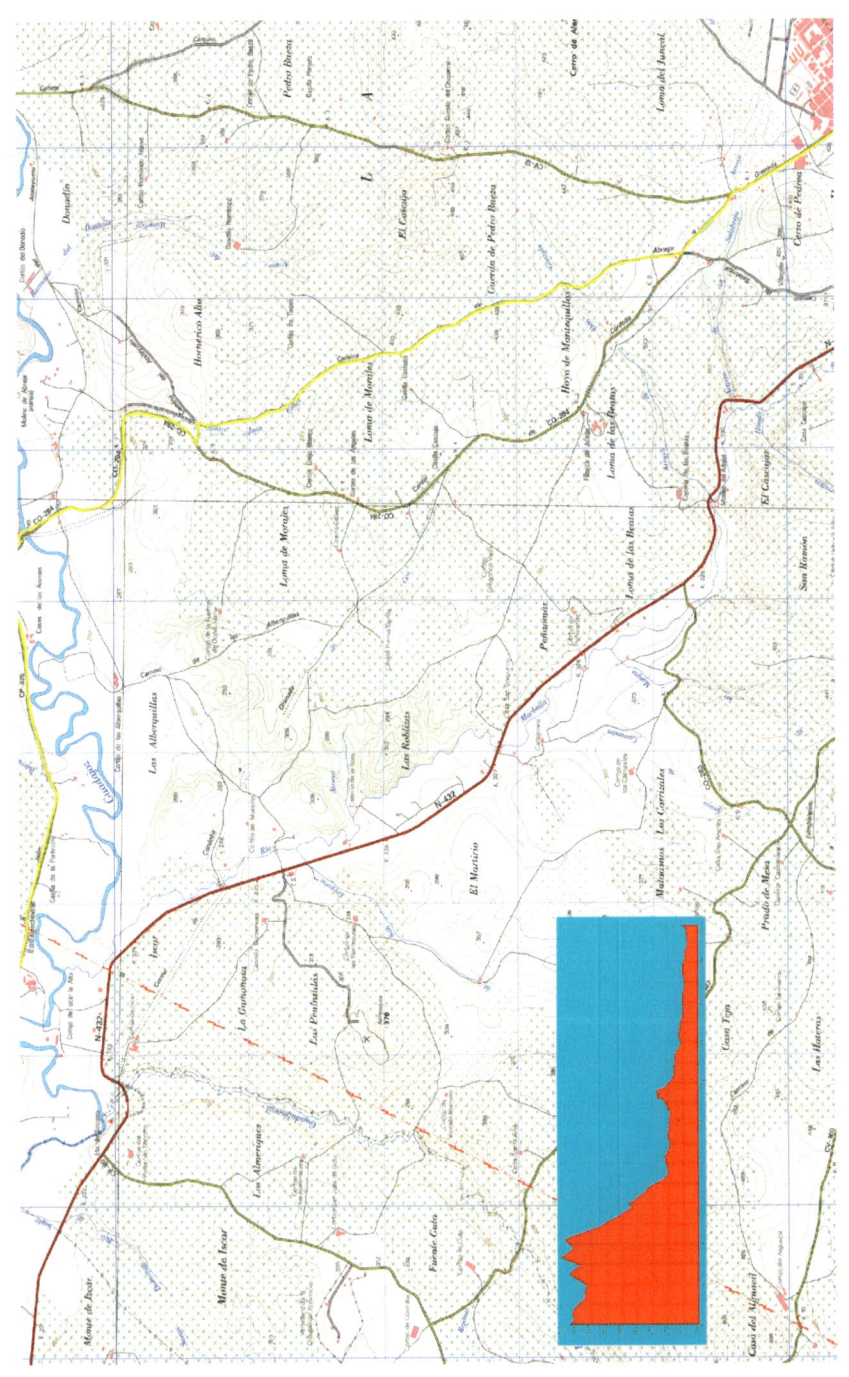

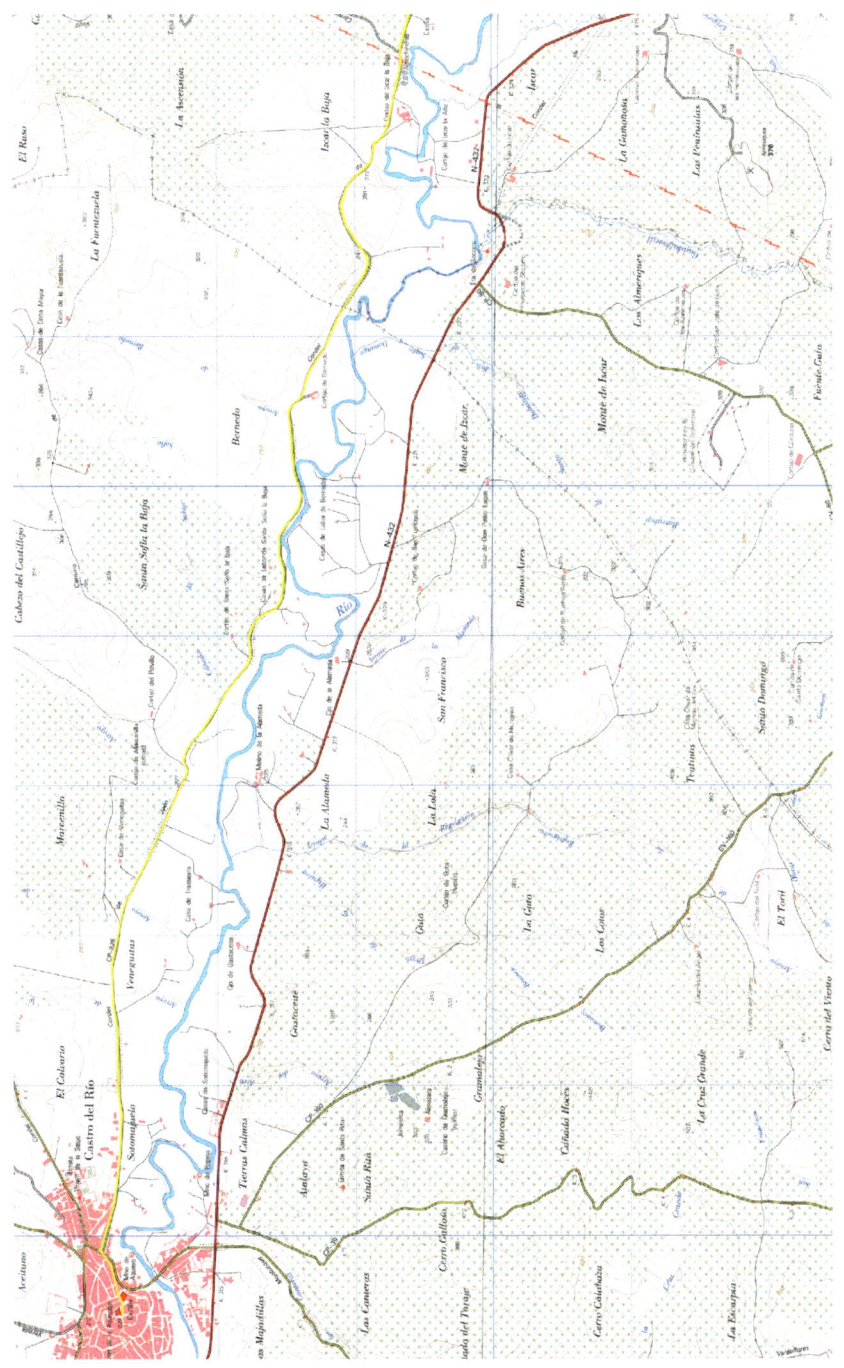

ETAPA 14. CASTRO DEL RÍO-ESPEJO, 10KMS

Desde el Albergue, dirigirse a Plaza de la Iglesia y c/ del Agujero. Tomar a la izquierda por c/ Juan Víctor y a la derecha por c/ Córdoba hasta c/ Caldereros para torcer por la Av. De la Diputación hasta el Cuartel de la Guardia Civil. Aquí, el camino se bifurca: Por la derecha ruta directa a Córdoba (39 Km.). Por la izquierda, el Camino, se dirige a Espejo, siguiendo por la Av. De la Diputación, para torcer a la izquierda por la Ronda del Guadajoz hasta cruzar el Río en dirección a la carretera N-432 y después de 1Km, pasada la gasolinera, tomamos un camino a la derecha, que recorremos durante 3 Km. hasta el cruce con el Camino del Molino, donde torcemos a la izquierda, y subiendo 3,5 Km., llegamos a la calle Pilar Salado, ya en Espejo. Por c/ Casas Nuevas, paseo de Andalucía, c/Jose María Aguilar, y c/San Bartolomé, llegaremos al Ayuntamiento en la Plaza de la Constitución.

Servicios

Ayuntamiento de Espejo
Plaza Constitución, 5,
(Tno 957 37 60 01 - 957 376 768).

Información al peregrino
(Tno 957 376 276).

Albergue de peregrinos
calle Glodobaldo Gracia, 56,
llaves en Policía Municipal
(móvil 608 174 629 - 957 376 001).

Dormir

La señora Lola Pineda Castro,
ofrece alojamiento,
calle Frasquito Castro, 9 (Casa de Eloy),
(Tno 651431101).

Alejado de la ruta, en Montilla,
a unos 5-6 kms de Espejo
está el Hostal Restaurante la Bartola
Carretera Badajoz-Granada
(Tno 957 378 058).

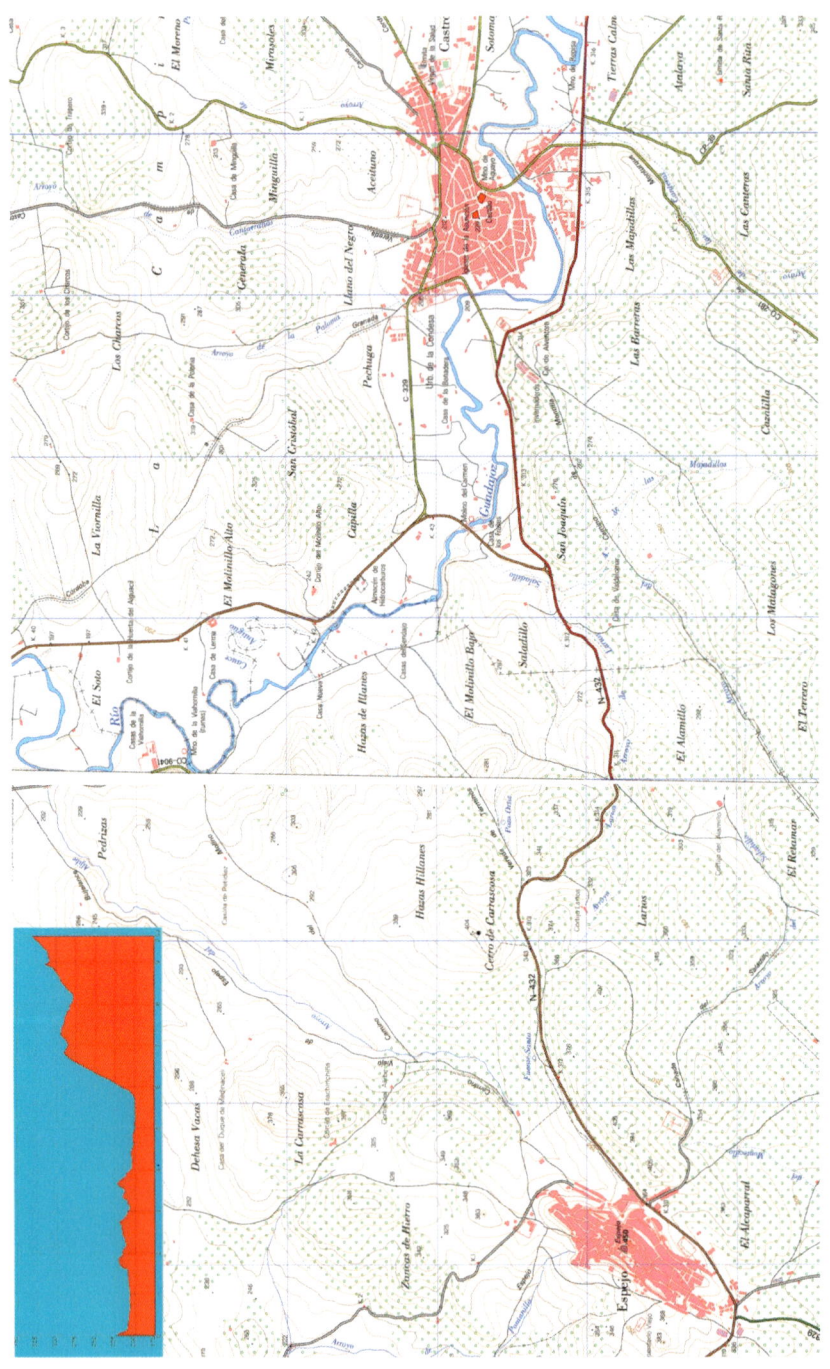

ETAPA 15. ESPEJO-SANTA CRUZ, 12,5KMS

Desde el Ayuntamiento, por calle Julio César y calle Cuesta de la Harina llegamos al camino de Montefrío. Dejamos a la izquierda la calzada y puente romanos de la Pontanilla. Seguimos otros 5 kms hasta una carreterita que tomamos a la izquierda durante 900 m, para girar bruscamente a la derecha cerca de una línea de alta tensión. Un Km. más adelante, dejamos el Pozo de la Harinillas a nuestra izquierda, y 2 Km después llegamos a la carretera N 432. La seguiremos 1,5 Km., ¡mucha atención al tráfico!, y tras cruzar el puente sobre el río Guadajoz, tomamos un sendero a la derecha que viene de debajo del puente y después de 700 m en calle Espejo, ya en Santa Cruz.

Servicios en Santa Cruz:

Ayuntamiento
ofrece suelo y ducha en Pabellón Municipal (Tno 957 378 028), llamar con antelación.
Información en Restaurante Ategua,
(Tno 957 378 039).

Comer y dormir

Restaurante Ategua
calle Inca Garcilaso, 3
(Tno 957 378 039),
Francisco, el dueño, atiende muy bien
a los peregrinos.

Alojamiento Hostal "La Galga"
junto a la carretera,
(Tnos 957 378 206 - 957 378 072).

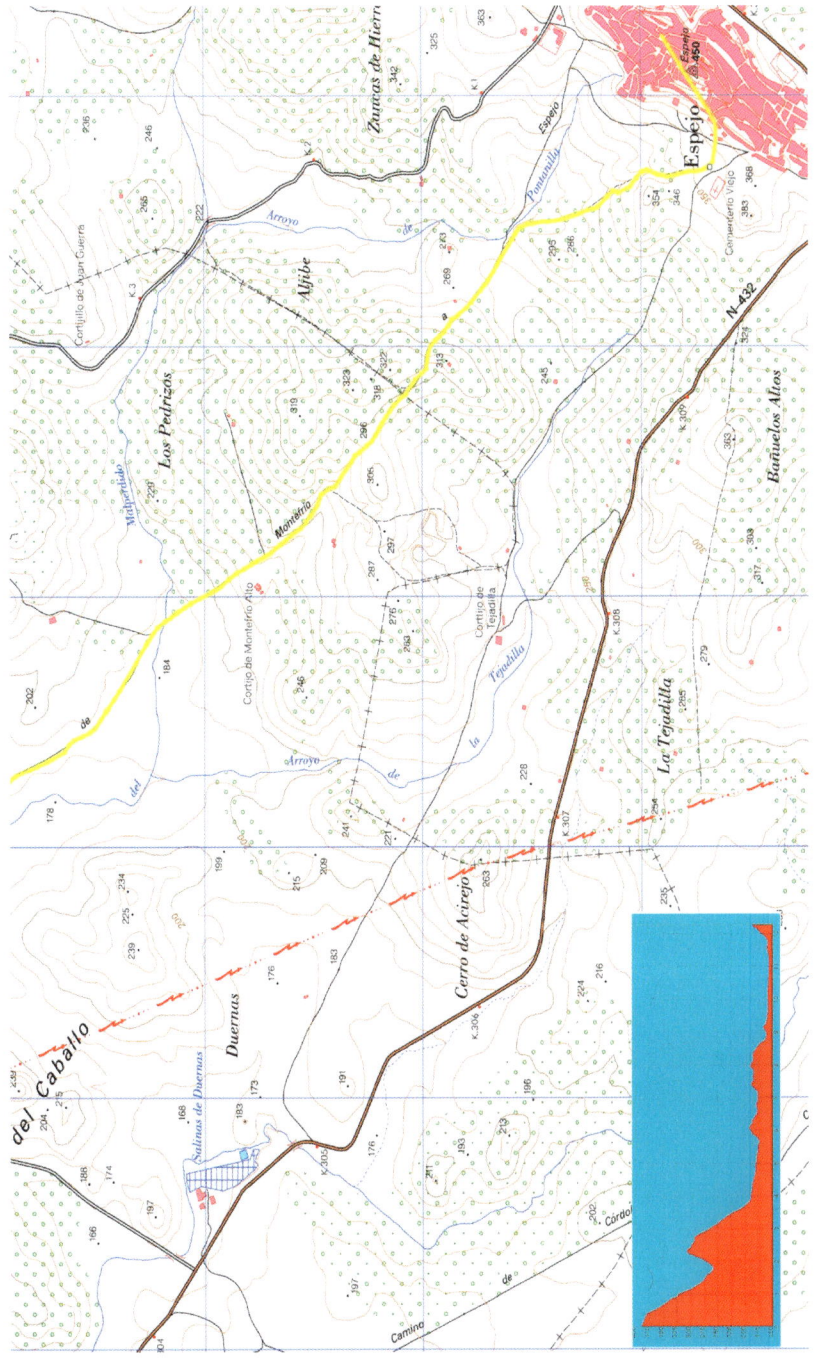

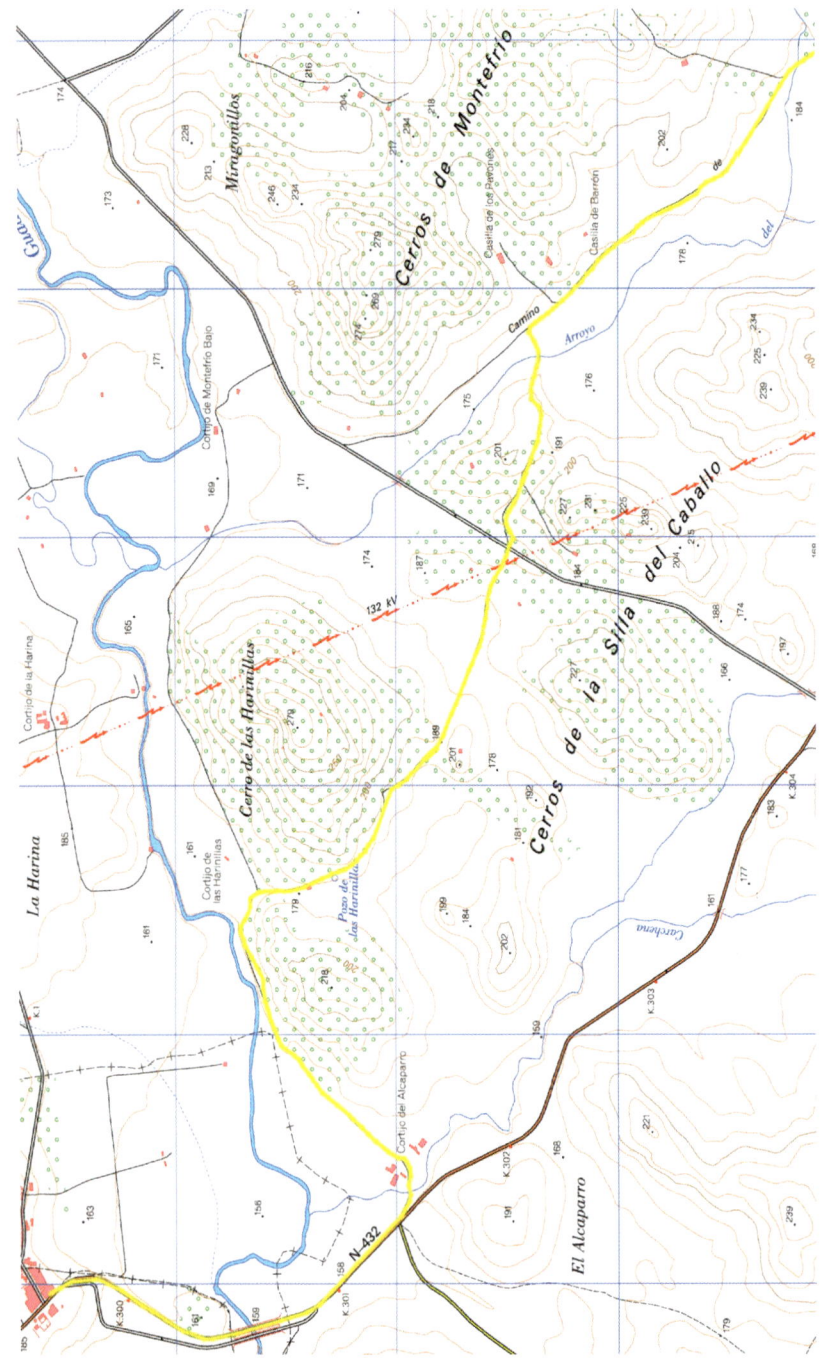

ETAPA 16. SANTA CRUZ-CÓRDOBA, 26 KMS

Las primeras flechas se encuentran frente al Restaurante Ategua. Tras 6 Km por la carretera CP-113 encontramos la Vereda de Granada. Aquí el Camino entronca con el que desde Castro del Río va directamente a Córdoba. Continuamos por esta vereda 6 Km (a 1,5 Km., a la derecha, hay un puente romano) hasta el Cortijo Torre de Juan Altoy donde se convierte en la CP-272. Tras recorrer 10 Km por la CP-272, tomaremos a la izquierda la carretera Co-3204 que después de 2 Km. termina en la calle de La Acera del Río, y tras cruzar el Puente Romano, llegaremos al centro de Córdoba.

Servicios

Albergue de Inturjoven
Plaza de Judá Leví,
(Tnos 600 163 583 - 957 355 040),
proximidades de la Mezquita, si está lleno informan sobre algunos hostales cercanos adecuados para el peregrino.

Oficina de turismo
Plaza del Triunfo s/n,
(Tno 902 20 17 74).

Hostal Alcázar
calle San Basilio, 2,
(Tno 957202 561),
precio reducido para peregrinos.

Hostal El Triunfo, (junto a la Mezquita),
c/Corregidor Luis de la Cerda, 79,
(Tno 957 498 484).

Pensión Lineros
Calle Lineros, 36,
(Tnos 957484845 – 957482517).

Hostal La Fuente,
c/San Fernando, 51,
(Tno 957 48 78 27).

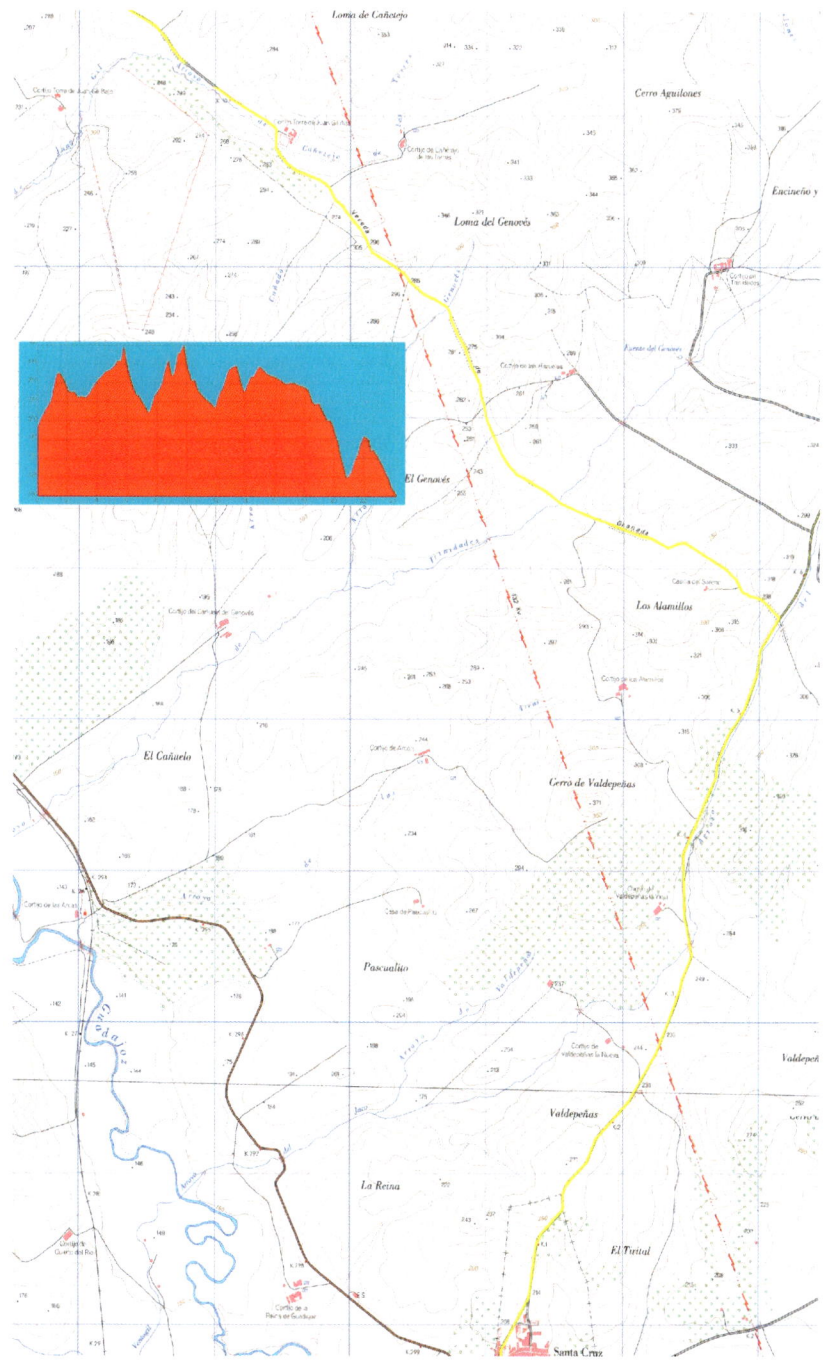

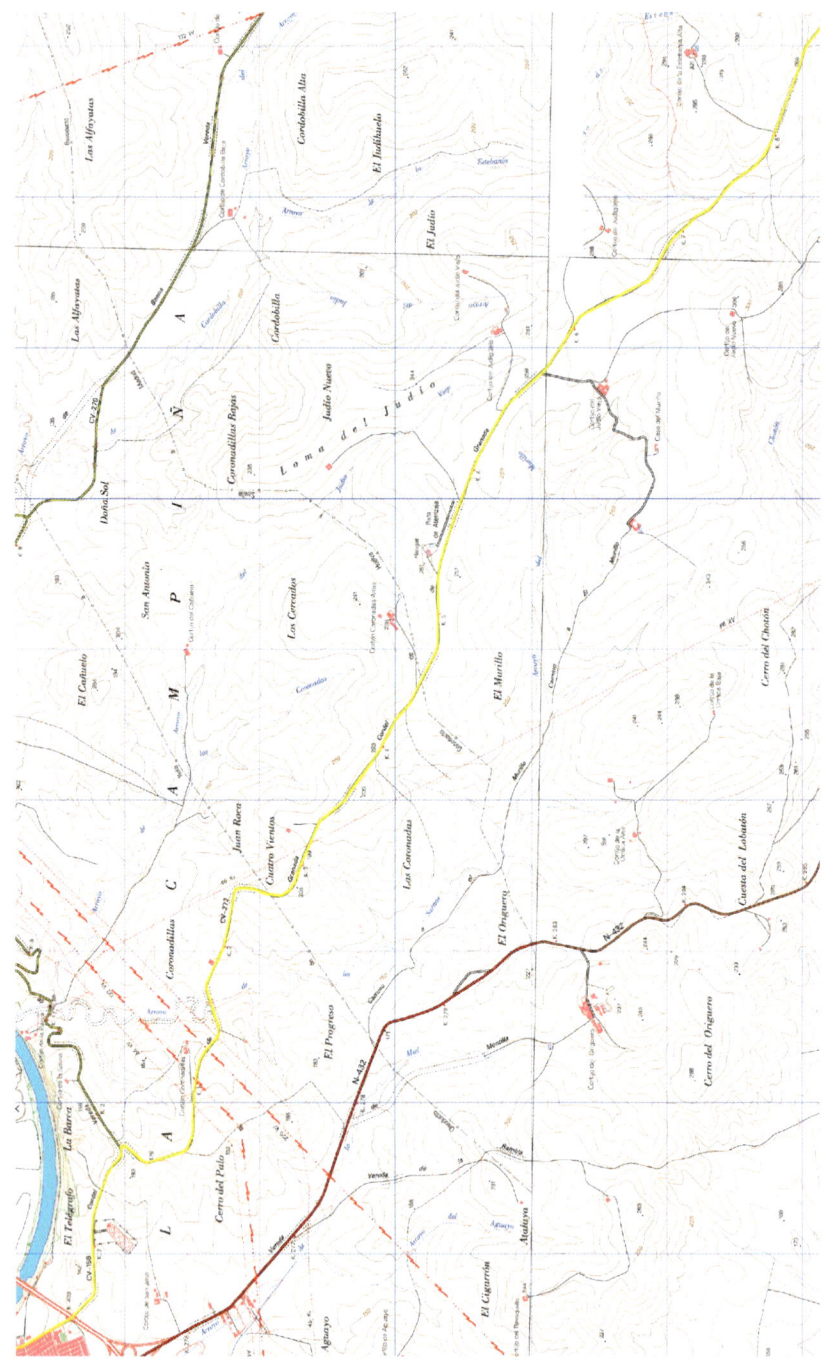

Etapas Córdoba-Mérida

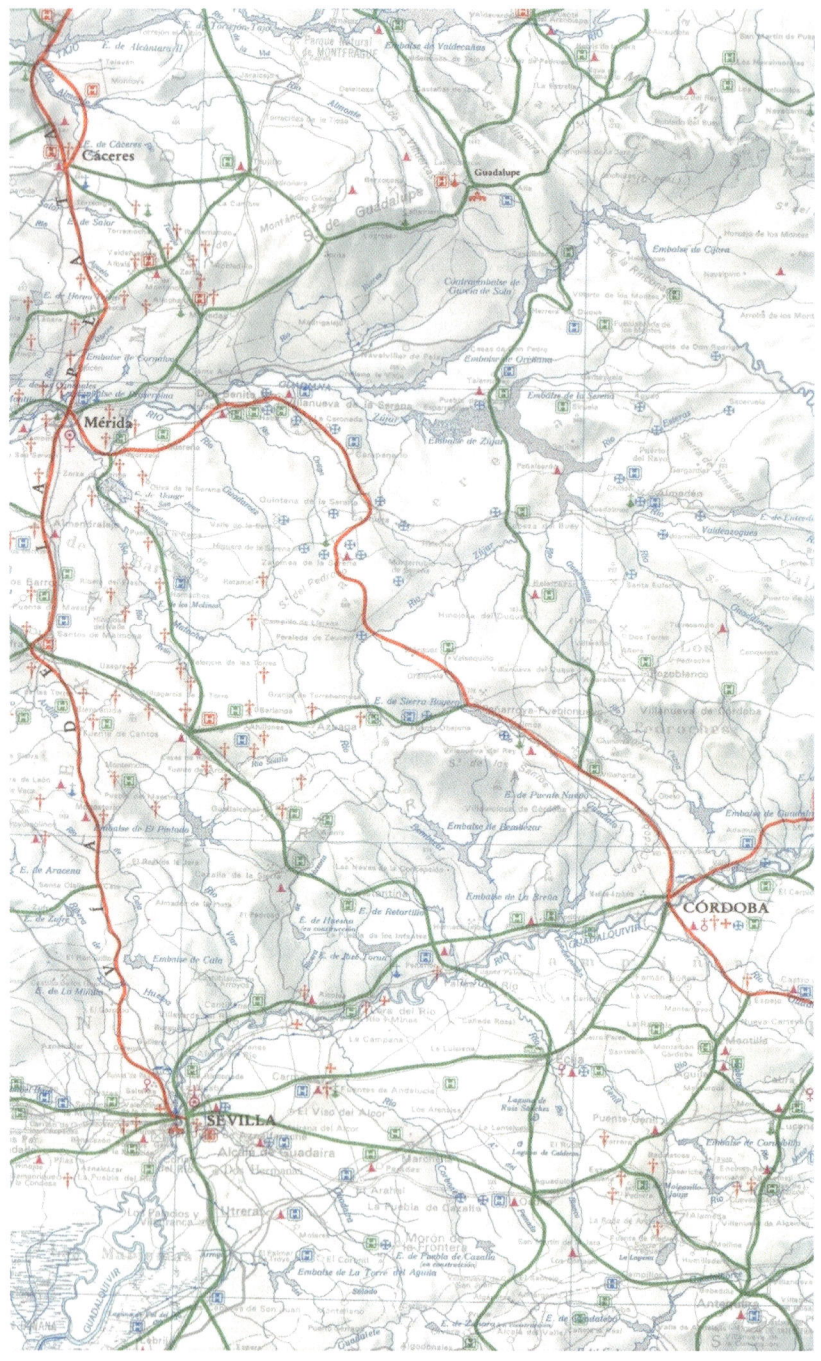

ETAPA 1. CÓRDOBA-CERRO MURIANO (OBEJO), 17 KM

Ayuntamiento de Obejo
Calle de la Iglesia, 16.
(Tno 957 36 90 42 – 957 36 91 45).

Casa de acogida a peregrinos
calle Carretera, 21, (691 923 145).

Bar H (Casa Bruno) (Tno 957 355 195)

Guardia Civil de Cerro Muriano
Calle Carretera, 0 km 253.
(Tno 957 35 00 13).

Casa particular de Gert-Jan y Maria Suzanna Van Geldere-Verstraten (Hospitaleros holandeses).
Calle Camino de Campo Bajo, 17
7 plazas. Cocina. Internet.
Se habla español, alemán, francés e inglés
Precio: donativo
(Tno 957-350-465   Móvil:691-923-145).

Restaurante Hostal Bar X
Carretera Granada-Badajoz s/n,
(Tno: 957 35 01 88).

Bar-Fonda Rosarito
Carretera, s/n.
(Tno 957350122).

ETAPA 2 - EL VACAR (VILLARHARTA), 13 KMS

No hay nada.

ETAPA 3 – VILLAHARTA, 9 KMS

Ayuntamiento de Villaharta
Calle de la Virgen de la Piedad, 1.
(Tno: 957 36 70 57).

Ayuntamiento (957 367 061).

Acogida a peregrinos en Bar Mirasierra
(Móvil 609 050 420).

Pabellón Municipal, policía local (Tno 957 367 061)

Guardia Civil (en Espiel)
Calle de los Huertos, 0..
(Tno: 957 36 30 21).

Hostal Restaurante El Cruce
Carretera N-432 (Badajoz-Granada),
km. 35'0, (un kilómetro antes de Villaharta),
(Tno: 957 36 72 33).

Bar Mirasierra
(Acogida Tno 957 367 265).

ETAPA 4 – ALCAZAREJOS, 37 KMS

Ayuntamiento
Calle de la Virgen de Guía,
(Tno 957 15 60 09).
(Mari Nieves 670 48 60 04)

Oficina de Turismo (957 156 102).

Policía Local (957 156 009).

Albergue Municipal (678 917 040

Cuartel de la Guardia Civil
Calle del Pozoblanco, 2.
(Tno: 957 15 60 33).

Polideportivo (Móvil 661 24 70 28) Sra. Maite.

Hostal Las Tres Jotas
C/ Rafael Aguirre, 39. (Tno 957 15 61 21).

Hostal César
Carretera Viso, (Tno 957 15 63 38).

Hotel Rural Miguel Angel
C/ San Isidro, 19. (Tno: 957 15 64 11)

Hostal Fonda Nueva, (Tno: 957 15 64 11)

ETAPA 5 - VILLANUEVA DEL DUQUE, 4 KMS

Ayuntamiento de Villanueva del Duque
Plaza Del Duque de Béjar, 1
(Tno 957 126 283 - 957 126 003)

Cuartel de la Guardia Civil
Calle de la Carretera, 4. (Tno: 957 12 60 02).
Dormir

La Ponderosa
C/ Capitán Cortés, 1. Tno: 957 126 335

Casa Rural El Verdinal
Calle del Rosario, 10.
Tno: 627 35 23 81

ETAPA 6 - FUENTE LA LANCHA, 7 KMS

Ayuntamiento Tno: 957 12 62 07

Dormir en Polideportivo
Ayuntamiento (957 126 207).

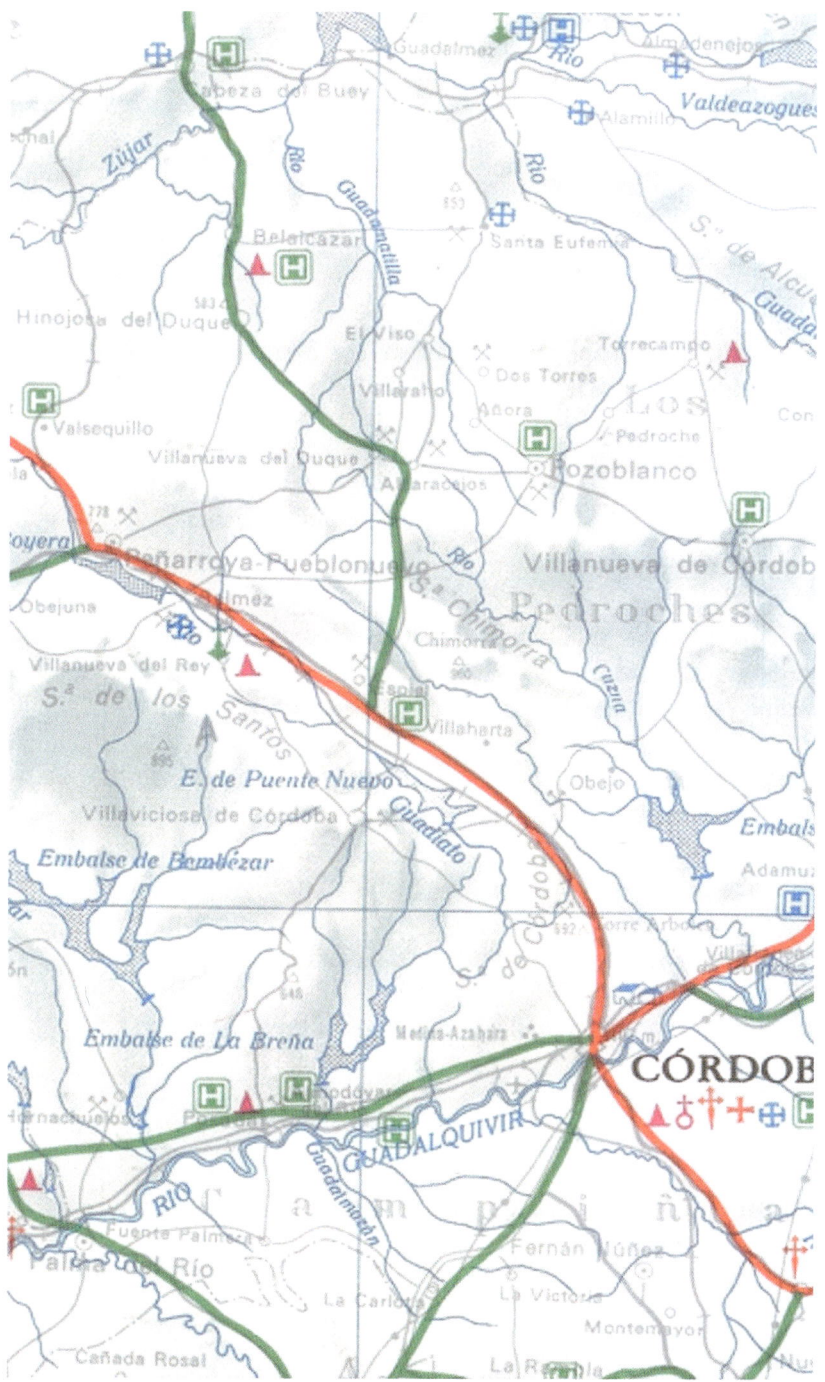

ETAPA 7 - HINOJOSA DEL DUQUE, 15 KMS

Ayuntamiento
Plaza de la Catedral, 1.
(Tno 957 14 15 48).

Ayuntamiento (957 140 050).

Albergue de Peregrinos, información en Policía Local (957 140 021)

Policía Local
Plaza de la Catedral, 1.
Tno: 957 14 00 21

Guardia Civil Guardia Civil
Av del Parque, 25. Tno: 957 14 00 12

Pensión Ruda
C/ Padre Manjón, 2. Tno: 957 140 778

Hostal-Restaurante El Cazador
Avenida Marqués de Santillana, 112.
Tno: 957 14 04 43

ETAPA 8 - MONTERRUBIO DE LA SERENA, 31 KMS

Ayuntamiento
Calle Peón de la Villa, 81,
(Tno: 924 63 51 35 - 924 610 025).

Casa Parroquial (Tno 924 635 325).
Dormir en el suelo.

Policía Local (Tno 924 019 315)

Guardia Civil
Calle Rodeo, 0, (Tno: 924 61 00 84).

Dormir
Hostal Vaticano
Plaza de España, 15. (Tno: 924 610 633).

Hotel Coto de la Serena
Plaza de España, 7. (Tno: 924 63 51 69).

Polideportivo (Tno: 924 63 53 61).

ETAPA 9 – CASTUERA, 19 KMS

Ayuntamiento (Tno 924 772 301).
Información al Peregrino (Tno 924 772 301).
Albergue municipal, entre calles Cerrillo y Cuesta de la Fuente, llamar a Policía Local
(Tno 924 722 350)

Hotel Restaurante Los Naranjos
Carretera de Villanueva de la Serena a Andújar.
(Tno: 924 76 08 88).

ETAPA 10 – CAMPANARIO, 17 KMS

Ayuntamiento de Campanario
Plaza de España, 1. (Tno: 924 851 584 - 924 831 127).

Policía Local (Tno 617 423 830).

Albergue de la Estación (Tno 695 669 474).
Guardia Civil, Avenida de la Constitución, 66.
(Tno: 924 83 10 13).

Polideportivo, llaves en Ayuntamiento Policía
(Tno: 924 83 11 27).

Parroquia de La Asunción (Tno: 924 83 10 82).

ETAPA 11 – MAGACELA, 11 KMS

Ayuntamiento (Tno 924 853 011).
Policía Local (Tno 924 853 009)
Bar- Casa Parroquial (Tno 924 82 31 89).

ETAPA 12 - LA HABA, 9 KMS

Ayuntamiento (Tno 924 823 161).
Policía Local (Tno 924 823 155)

ETAPA 13 - DON BENITO, 7 KMS

Ayuntamiento de Don Benito
Plaza de España, 1.
(Tno 924 811 534).

Policía Local (Tno 924 810 811).
Información al Peregrino (Tno 924 808 084).

Hostal Galicia (924 803528),descuento a peregrinos.

Guardia Civil
Avenida de Alonso Martín, 14.
(Tno 924 81 15 08).
Casa de Acogida
"Virgen de las Cruces"
(Tno: 924 80 52 48).

Hostal-Cafetería Galicia
Plaza Juan Sánchez Cortés 4.
(Tno: 924 80 35 28).

Hotel Ortiz
Calle de Fernán Pérez, 26.
(Tno: 924 81 04 45)

Hotel Miriam II
Calle de Donoso Cortés, 2. (Tno: 924 81 15 39)
Karmen Restaurante
C/ Retamosa (Pol. Ind. San Isidro), 12.
Tno: 924 81 32 52

Hotel Vegas Altas
Avenida Badajoz, S/N. Tno: 924 81 00 05

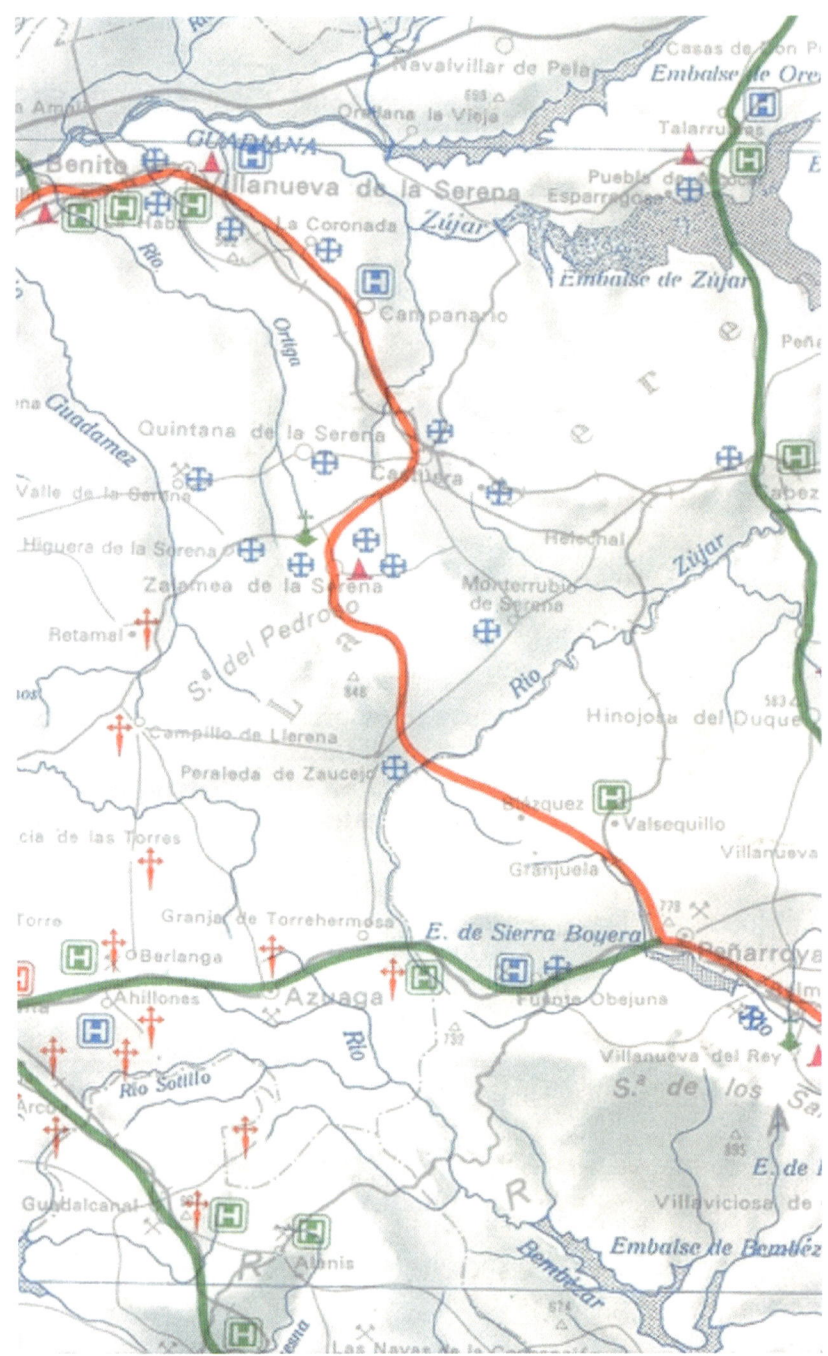

ETAPA 14 – MEDELLÍN, 9 KMS

Ayuntamiento de Medellín
Plaza España, 1, 06411 Medellín.
(Tno: 924 82 15 49 - 924 822 561).
Policía Local (Tno 606 327 555).

Información al Peregrino (924 822 438).
Hostal Río (móvil 661 268 494) descuento a peregrinos.

Hostal Río
C/ Pedro de Alvarado, 42.
(Tno: 924 82 26 70).

ETAPA 15 - SANTA AMALIA

Ayuntamiento
Plaza de España, 1. Teléfono 924 83 00 11

Ayuntamiento (924 830 011).
Policía Local (600 316 342).

Guardia Civil
Calle Ramón y Cajal 0. (Tno 924 830 008).

Posada Cerrato (Tno 924 830 375).
Hostal Fuente de la Magdalena,
Plaza de España s/n.
(Tnos 924 82 02 38 - 605 49 26 52).

Hostal Las Vegas,
Hernan Cortes s/n, (Tno: 924 83 01 26)

Hostal Terboles,
Infantes 89. (Tno: 924 830 560)

Hostal Restaurante "El Caribe"
Ctra. N430 Km 92. (Tno: 924 83 00 96).

Hostal Fuente de la Magdalena
Plaza de España, 20.
(Tnos 924 82 02 38 - 605 49 26 52)

ETAPA 16 – TORREFRESNEDA, 11 KMS

Ayuntamiento (Tno 924 32 20 01)

Etapa 17 - San Pedro de Mérida, 10 kms

Ayuntamiento
Avda. Mérida, 35. (Tno: 924 32 51 31 - 924 325 059).

Guardia Civil
Avenida Mérida, 20. (Tno: 924 32 51 07).

Hostal Juan Porro
Avenida Virgen de la Albuera, 58.
(Tno 924 32 50 10).
Hostal Restaurante Kavanna
Calle Valverde de Mérida, 5. (Tno: 924 32 50 22).

ETAPA 18 – TRUJILLANOS, 8 KMS

Ayuntamiento de Trujillanos
Calle de las Albarregas.   Tno: 924 32 70 11
Ayuntamiento (924 327 048)

Hostal Asador de Tomás-Labaranda
Carretera Madrid-Lisboa N-v, km. 332.
Tno: 924 32 70 05

ETAPA 19 - MÉRIDA....7 KMS

Ayuntamiento de Mérida
Plaza de España, 1. (Tno: 924 38 01 00 - 924 380 100).
Policía Local (Tno 924 380 138).

Albergue Municipal
Molino de Pancaliente
Avda de José Fernández López, s/n,
(Móviles 646 216 341 - 617 157 306).
Valentín y Rosi
Situado junto al río Guadiana.

Albergue Juvenil El Prado
Calle Zaragoza. (Tno 619 649 232).

Hostal Alfarero
C/ de Sagasta, 40. (Tno: 924 30 31 83)-
Hostal Residencia Senero
C/ Holguín, 12. (Tno: 924 31 72 07).
Hostal Bueno
 C/ Calvario, 9. (Tno: 924 30 29 77).

Hostal Salud
Calle de Vespasiano, 41.
(Tno: 924 31 22 59).

La Flor de Al Andalus
Avenida Extremadura, 6.
(Tno: 924 31 33 56).

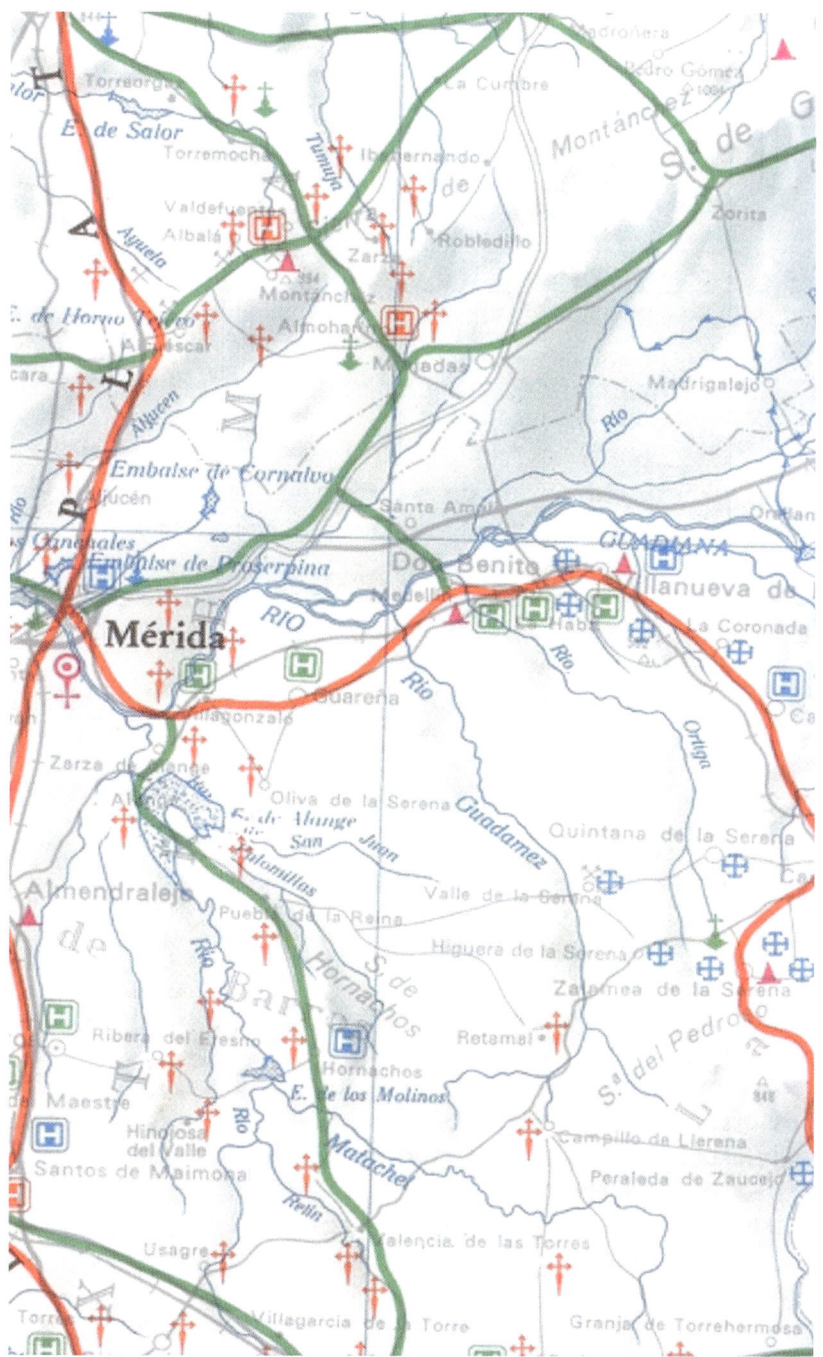

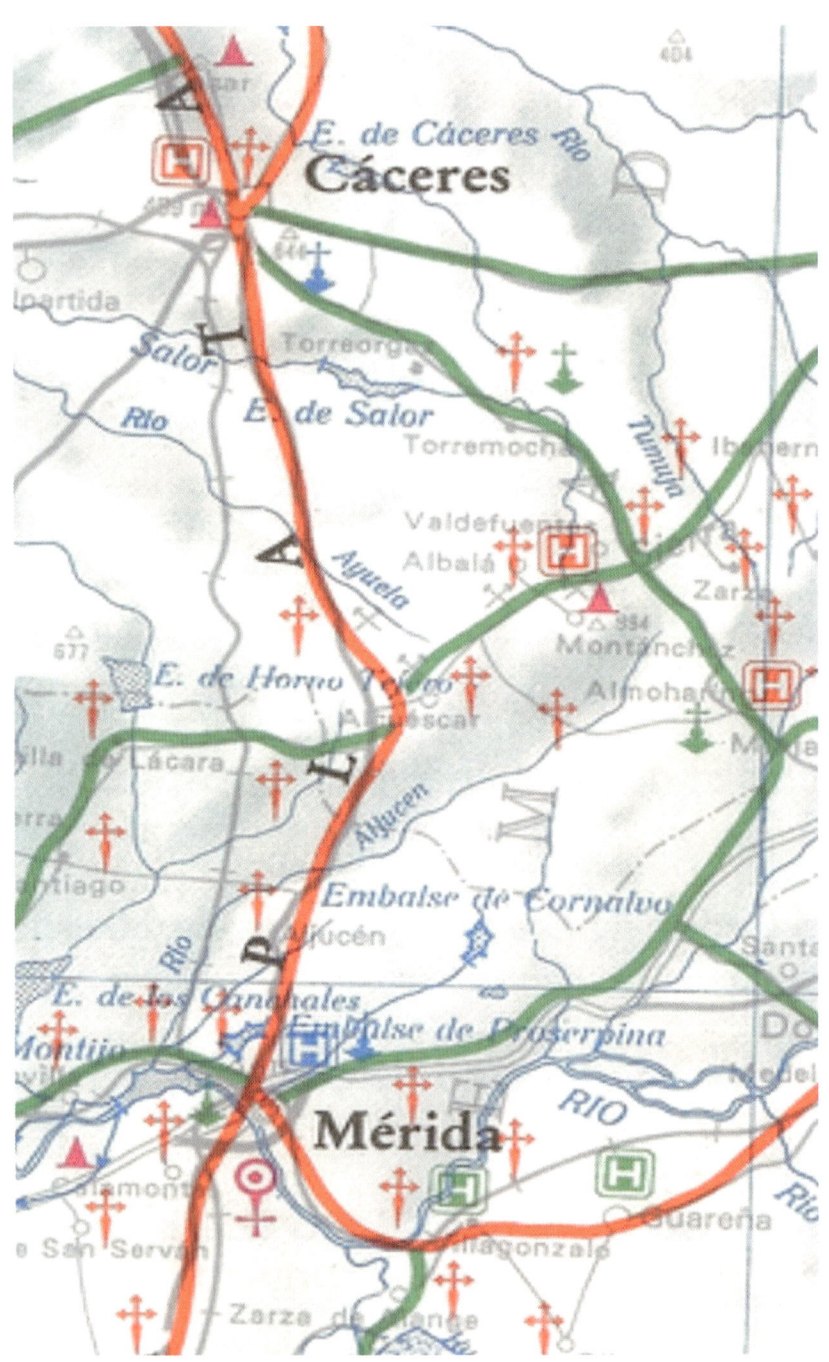

ACERCA DEL AUTOR

Me llamo Bernabé Ramírez Herrada. Nací en Almería y resido en Málaga desde la niñez. Soy miembro de la Asociación Jacobea de Málaga desde hace veinte años.

En los años a partir de 1998, aproveché el Camino de Santiago para correrlo entrenando a 4 minutos por kilómetro de media. Fueron maravillosos.

Soy poeta y escritor. Me publico yo mismo en Amazon. Maqueto, edito y subo mis propias obras literarias. Voy aprendiendo sobre la marcha buscando la forma de hacerlo más profesional.

Muchas gracias por adquirir este libro.

Printed in Dunstable, United Kingdom